ANTHONY FAWCETT

John Lennon

Anthony Fawcett

JOHN LENNON

BASTEI LÜBBE

Titel der amerikanischen Originalausgabe:
JOHN LENNON – ONE DAY AT A TIME
Ins Deutsche übertragen von Hannelore Zander

1. Auflage 1979
2. Auflage 1980

Printed in Western Germany 1980
Titelfoto: Emi Electrola
Einbandgestaltung: Reni Hinsch / Jan Buchholz
Gesamtherstellung: Ebner Ulm
ISBN 3-404-01029-9

Der Preis dieses Bandes versteht sich einschließlich
der gesetzlichen Mehrwertsteuer

Für Chrissy

Inhalt

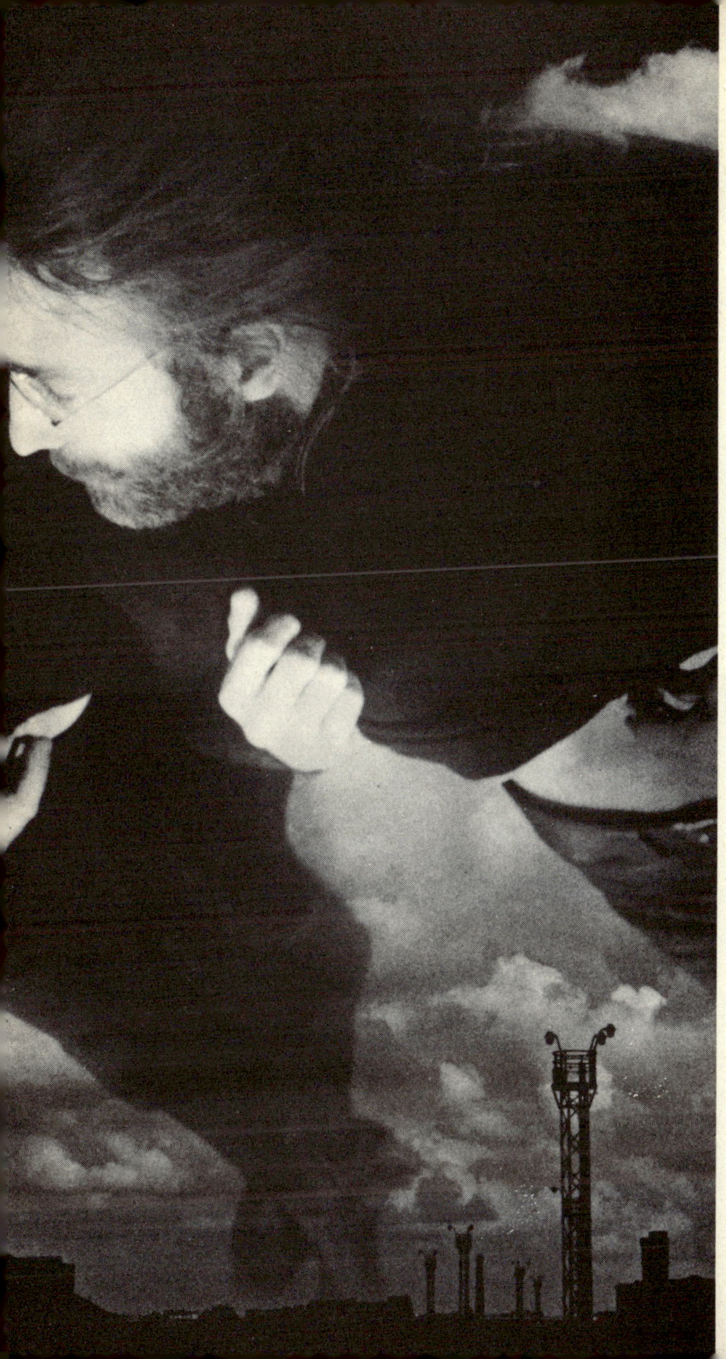

ZU DIESEM BUCH

Man Ray, der dadaistische Maler und Fotograf, sagte einmal zu mir: »Der Künstler ist der einzig wirklich Weise. Frei und offen tritt er uns gegenüber. Bringt er sein Werk an die Öffentlichkeit, ist es nicht er, der daran gemessen wird, es ist der Zuschauer selbst, der sich darin wiederfindet. Die Zeit hat dies immer wieder bestätigt. . . Die Straßen sind voll von großartigen Technikern, doch es fehlen die praktischen Träumer.«

Dieses Buch beschreibt das Werden des Künstlers John Lennon, ein Dichter, ein Musiker, und ganz bestimmt ein praktischer Träumer. Als Spiegelbild unserer Zeit hat John einen Drang nach Veränderung verspürt. Den Drang, neue Ideen, neue Erfahrungen und neue Menschen kennenzulernen. Seine Vorstellung, jeden Tag wie ein ganzes Leben aufzufassen.

Nicht nur, um das eigene Leben und Arbeiten im Griff zu behalten, sondern auch, um mit den unbedeutenden Kleinigkeiten und dem visuellen Ballast fertig zu werden, welche uns ständig belasten.

John sagt uns immer wieder: »Hier bin ich jetzt angelangt, und so sieht die Sache für mich aus.«

»Wir wissen kaum etwas über John in der Zeit nach 1966, dem Jahr, in dem er Yoko Ono in der Londoner Indica Gallery kennengelernt hat«, schreibt der amerikanische Schriftsteller Pete Hamill, »die Einzelheiten weiß nur er.« Meine Bekanntschaft mit John fiel genau in diese Zeit. Ich arbeitete damals in London als Kunstkritiker und hatte zuerst nur mit der Planung und Durchführung von Kunstausstellungen zu tun. So zum Beispiel mit der Eichelplastik *Acorn*, mit der John und Yoko auf der Nationalen Bildhauer-Ausstellung, einer von mir organisierten Ausstellung, vertreten waren, und mit Johns Erotischen Litographien, ein Projekt, welches ich zusammen mit einem amerikanischen Herausgeber ins Leben rief. Im Jahre 1969 gab ich dann meine Arbeit als Kunstkritiker auf, um von nun an nur noch mit John und Yoko zusammenzuarbeiten. Ich leitete ihr Büro, organisierte ihren gesamten Tagesablauf und kümmerte mich um ihre Schriften und Filme.

Die Arbeit entwickelte sich sehr bald zu einem 24-Stunden-Job, so daß sich mein Leben nur noch um die beiden drehte. Es war eine reizvolle und schöne Aufgabe, aber auch anstrengend und fordernd. John und Yoko verließen sich immer mehr auf mich und wollten über alle ihre Aktivitäten von damals, heute oder morgen informiert sein. Ihr gesamter Lebensablauf führte durch mich hindurch. Wenn ihre Probleme allzusehr zur Last wurden, verschanzten sie sich wie Einsiedler in ihren eigenen vier Wänden und waren für niemanden mehr zu sprechen. Ich wurde ihr einziger Kontakt zur Außenwelt.

Viele von uns sind von John Lennon fasziniert. Er hat die Fähigkeit, Menschen zu inspirieren und zu fesseln. So erging es Paul McCartney, George Harrison und Ringo Starr, und was dabei herauskam, ist bereits Geschichte geworden. Pete Hamill hat dies treffend im Rolling Stone ausgedrückt:

»Die 20 Beatles-Alben sind da. Die Stimmen darauf sind ewig jung. Auch die von John Lennon, dem jungen Mann mit der Gitarre, der nach Hamburg kam, und sein 8-Stunden-Pensum mit der Gruppe durchboxte, indem er Aufputschpillen schluckte, und so eine unzähmbare Energie an den Tag legte. ›You see‹, sagte John später, ›wir wollten größer sein als Elvis. . .‹«

Größer als Elvis. Größer als Sinatra. Größer als Gott. John erklärte jedem, wieso die Beatles größer als Jesus Christus seien, und in jenem Sommer schien fast die gesamte westliche Welt für ein paar Wochen aus den Fugen geraten zu sein. War die Welt vor noch so kurzer Zeit wirklich so unschuldig? Nein. John Lennon hatte nur zu verstehen gegeben, daß die Welt sich verändert hatte, und die Zeitungen mußten mithalten. Wir sollten keine zweifelhaften Helden mehr haben. In *A Hard Day's Night* durften wir jetzt alle die endlose Weite des Rugbyfeldes erfahren, aufsteigend oder wieder hinabsinkend, schnell oder langsam, doch früher oder später würden wir erwachsen werden müssen. Die Beatles. Sie konnten nicht fortbestehen.

»Und dennoch. . . als alles schließlich zu Ende war, als sie auseinandergingen, als Brian Epstein tot und Apple ein fürchterliches Durcheinander war, als Rechtsanwälte, Agenten und Geldgeber auftauchten, um die Überreste in Augenschein zu nehmen, da schien es oft so, als litte nur einer darunter: John Lennon. Seine Niedergeschlagenheit fand Ausdruck in seinen bittersten Interviews, in denen auch die scharfe Sprache nicht über sein Gefühl des Verletztseins und der Enttäuschung hinwegtäuschen konnte. Er war irgendwo der Antriebsmotor der Gruppe, die künstlerische Triebkraft, die keine Grenzen sah, und die, um dem Stillstand zu entkommen, unermüdlich weiterarbeitete, verliebt in die Geschwindigkeit wie Picasso es war, mit dem Fanatismus eines Besessenen . . .«

»John durchlief alles: Bed-ins, Plakate für den Frieden, Rauschgift und die in Plastiktöpfe gepflanzten Eicheln in der Kathedrale von Coventry. Er folgte Yoko in die Welt der Avantgarde, stieß auf Cage und Bartok, barbarisierte noch einmal seine Musik, so als ob er einer ehemaligen, reineren Vision über sich selbst zustreben wollte. Einer Vision, die er in der Einsamkeit der Liverpooler Kunstschule entdeckte: ein Genie zu sein. Rubin und Hoffmann, ›Bagism‹ und ›Shagism‹, Bitterkeit und Wut, die Hochzeit in Gibraltar, siebzehn Nähte nach einem Autounfall in Schottland, sein Titel M.B.E.*, den er der Queen wieder zurückgab, die Plastic Ono Band, langes Haar, kurzes Haar, und viele Masken vor seinen sauber gezeichneten Gesichtszügen. Sein Leben mit Yoko war eine Kette öffentlicher Ereignisse. *Working Class Hero. Some Time In New York City. Power To The Poeple*. Und noch tiefer nach Amerika hinein: in sein schmutziges Herz der Nixon-Ära und der Einwanderungsbestimmungen. Und in jene Form der höheren Paranoia, in der alle anderen Opfer ihren Halt haben, nur man selber nicht, weil man ein Opfer der Zeit ist.«

Ich erlebte Tage, an denen es herrlich war, um John herum zu sein, und wieder andere, die unerträglich für mich waren.

Lennon ist ein interessanter und kreativer Mensch. Was mich an ihm interessiert, ist seine tief in ihm verwurzelte Energie. In

* M.B.E. = Member of the British Empire

diesem Buch habe ich versucht, den Menschen, den Künstler und sein inneres Wesen zu begreifen. Wenn es mir gelingen sollte, dieses Verständnis dem Leser irgendwie zu vermitteln, habe ich mein Ziel erreicht. Henry Miller schrieb einmal: »Mir ist es gleich , wer der Künstler ist. Wenn man ihn ehrlich und objektiv in sich aufnimmt, wird man erkennen, daß er und sein Werk eins sind.« So ist es auch mit John Lennon.

Anthony Fawcett, New York City

DER MENSCH

ONE DAY AT A TIME

Mit dem Tag, an dem ich John Lennon kennenlernte, veränderte sich mein ganzes Leben. Er saß da auf den Stufen vor dem Kunstlaboratorium in Drury Lane, seine Kappe tief über die typische Rundbrille gezogen, und war kaum zu erkennen. Ich hätte ihn einfach übersehen, wenn nicht Yoko neben ihm gesessen hätte. Da ich sie schon vorher des öfteren in einigen Galerien getroffen und auch schon über ihre Arbeit geschrieben hatte, blieb ich stehen und sprach sie an. Es war im Frühjahr 1968. Sie hatten gerade ihre erste gemeinsame Ausstellung, doch John schien davon überhaupt nicht berührt zu sein. Er sah aus, als ob er nächtelang nicht geschlafen hätte. Sein unrasiertes Gesicht war sehr viel schmaler als das pausbäckige Gesicht aus der ersten Beatles-Zeit. Er sah schäbig aus in seinem abgewetzten Anzug im Edward-Stil. Er war sehr nervös und rauchte eine Gauloises nach der anderen. Kritisch taxierte er mich, als ich Yoko auf die Ausstellung ansprach und sie mich Hugh Shaw, einem Freund, vorstellte. Er war ein ruhiger Mann und Ausstellungskoordinator des Kunstrates.

Bald schon war ich wieder mitten im Besucherstrom. Die Ausstellung nannte sich »Objects to be taken apart or added to«. Es war so voll, daß ich glaubte, die Ausstellungsstücke würden bei dem Andrang zu Bruch gehen. Kurz vor Ausstellungsschluß kam dann die Überraschung: John kam auf mich zu und fragte mich, ob ich Lust hätte, mit ihm, Yoko und Hugh essen zu gehen. Es regnete gerade, und wir liefen zu einem nahe gelegenen Tandouri-Restaurant. Dort setzten wir uns an einen der hintersten Ecktische.

Ohne die exotische Speisenkarte auch nur mit einem Blick zu würdigen, bestellte sich John Fish and Chips, die er genüßlich mit Tomatenketchup übergoß. Man merkte ihm an, daß er sehr müde war. Doch auch sehr empfindlich. Wenn er redete, redete er sehr schnell, und seine Worte ertranken in einem fast unverständlichen Wortschwall. Dann wieder wurde er ganz still, zog sich vollkommen vom Gespräch zurück und saß da, in sich selbst versunken.

Wir kamen auf die Kunst zu sprechen, hauptsächlich auf Yokos Kunst. Sie strahlte vor Begeisterung, wieder über ihre Filme und Kunstshows sprechen zu können, der Mann vom Kunstrat hörte ihr aufmerksam zu. Schon damals in der Indica Gallery war mir aufgefallen, daß sie sich ausgezeichnet für Public Relations eignete. Besonders dann, wenn es darum ging, die richtigen Leute von ihren Ideen zu überzeugen. Wenn man sie irgendwo stehen sieht, glaubt man, ein Windhauch könne sie aus dem Gleichgewicht bringen. Dann aber wieder verwandelt sich die schüchtern wirkende Gestalt plötzlich in eine wortdynamische und ihre Zuhörer fesselnde Persönlichkeit.

Eine Menschenmenge hatte sich auf der schmalen Straße vor dem Soho-Restaurant angesammelt. Während wir noch unseren Kaffee tranken, fuhr schon Johns Chauffeur, Les Antony, mit dem weißen Rolls-Royce um den Block. Als wir aufstanden, fragte mich John, ob er mich nach Hause bringen dürfte.

Wir fuhren die New Kings Road im Eiltempo hinunter, und Yoko stellte mir ein paar Fragen über die Bildhauer-Ausstellung, an deren Organisation ich ja beteiligt war. Sie wollte wissen, welche Künstler daran teilnehmen würden und welche Kriterien für ihre Auswahl ausschlaggebend seien. Langsam rollte der Rolls vor meinem Haus in Parsons Green in den Stand. John sprang hinaus und fragte mich, ob er noch auf eine Zigarette mit hineinkommen dürfe.

In der Eingangshalle blieb er plötzlich wie angewurzelt stehen. Er hatte ein paar große Gemälde von Jonathan Hague gesehen, einem seiner Freunde von der Kunstschule. »Where d'er git those?« fragte er, sie ungläubig anstarrend. Hague hatte erst kurz zuvor eine große Ausstellung in einer Londoner Privatgalerie abgehalten, die von »Lennon und McCartney« gefördert worden war. Ich hatte über seine Ausstellung in mehreren Kunstblättern geschrieben und ihn dadurch kennengelernt. Er wohnte in Nordengland, wollte aber in der Großstadt arbeiten,

Anthony Fawcett mit John und Yoko im makrobiotischen Restaurant Gregg's in Notting Hill Gate, London. Es war das erste Mal, daß er mit ihnen »ganz allein, fern vom Getriebe der Büros und Aufnahmestudios« war.

und so brachte er alle Gemälde, die er nicht verkaufen konnte, erst einmal zu mir.

John lachte darüber und lief durchs ganze Haus, um noch mehr Bilder aufzutreiben. Ich ging nach oben, um ein paar Zigaretten zu holen und gleichzeitig meinen Freund Simmonds zu wecken. »John Lennon ist unten«, schrie ich ihn an, »wo sind die Zigaretten?« Als er sich gerade benommen aufrichtete, platzte John ins Zimmer. »Das da ist Klasse«, sagte er und zeigte auf ein Bild. Er murmelte ein kurzes »Hello« zu der Gestalt im Bett. Mein Freund war fassungslos und rang verzweifelt um eine hörbare Antwort. Als wir gingen, verschwand er schnell wieder unter der Bettdecke.

Unten im Wohnzimmer flüsterte Yoko John etwas zu und fragte mich dann, ob sie beide vielleicht an der von mir organisierten Ausstellung teilnehmen könnten. Ich war von der Idee sehr angetan und erklärte mich einverstanden, mit meinem Kollegen Fabio Barraclough darüber zu sprechen. Fabio Barraclough war Cheforganisator und damit maßgeblich an der Ausstellung beteiligt. John verzog das Gesicht und lachte in sich hinein. Ich glaube, der Gedanke, bei einer großen Kunstausstellung dabeisein zu dürfen, hat ihn sehr amüsiert. Er fing an, sich richtig zu begeistern und war auf jeden Fall viel besserer Laune als beim Abendessen. Als wir hinausgingen, bat er mich, doch mit ihm in Kontakt zu bleiben, und ihn über alle Entscheidungen auf dem laufenden zu halten. Dann kroch er auf den Rücksitz, Yoko dicht hinter ihm. Ich winkte ihnen noch nach, bis der weiße Schatten des Rolls in der kalten Londoner Nacht langsam untertauchte. Ich blieb nachdenklich zurück. Dies also sollte der seltsame Anfang einer fruchtbaren und tiefen Beziehung zu John sein.

In den Abbey-Road-Aufnahmestudios führte mich ein unfreundlich wirkender Empfangschef durch einen langen, schmalen Korridor mit ausgeblichenen, gelben Wänden. Alles wirkte auf mich wie eine Behörde, nicht aber wie ein Künstlerstudio. Ich sollte jedoch eines Besseren belehrt werden: Die schweren Eisentüren zu Studio One öffneten sich, und fast wäre ich über John gestolpert, der in einem winzigen Raum am Boden saß, umgeben von allen vier Beatles. Ich schaute mich um und sah in Gesichter, die mir so vertraut waren wie die meiner eigenen Familie. Es war für mich ein solches Erlebnis, daß ich ganz unbewußt den Atem anhielt. Paul saß am Piano, schlug ein paar Akkorde an und lachte. George drehte, ganz vertieft in eine Melodie, mit einer Hand den Schemel hoch. Ringo saß hinter einer schalldichten Trennwand, verschanzt hinter seinen Schlagzeugen. Yoko bat mich, neben ihr und John Platz zu nehmen. Als sie mit mir sprechen wollten, dröhnte George Martins Stimme durch den Lautsprecher des Kontrollstands zu uns herüber. Wir sollten jetzt alle dem Playback zuhören. John sagte noch etwas zu mir, doch es ging in der Musik unter.

Ein Monat war nun seit meiner ersten Begegnung mit John und Yoko vergangen. Fabio Barraclough stand der Idee einer Beteiligung von John und Yoko an der Ausstellung aufgeschlossen gegenüber , und wir brachten die Angelegenheit in den Besprechungen der Komission zur Sprache. Obwohl einige der älteren und mehr konservativen Mitglieder sich dagegen aussprachen, gab Fabio grünes Licht. Ich gab die Neuigkeit sofort an Yoko weiter. Einige Tage darauf erhielt ich die Nachricht, ins Aufnahmestudio zu kommen.

Als das Playback zu Ende war, gab George Martin durch das dicke Glasfenster ein Zeichen, und alle begaben sich in den Aufnahmestand. Dort stand ein riesiges Aufnahmepult, ein wahres Labyrinth von ineinander verschlungenen Kabeln, elektronischen Extras und riesengroßen Lautsprecherboxen. Bevor sich John dahinter niederließ, zündete er sich noch eine Disque Bleu an und blödelte mit dem Toningenieur herum. Während des nächsten Playback sah man ihn dann mit angespannter Konzentration Hebel und Schaltknöpfe in Bewegung setzen, bis Mal, der »gentle giant of a roadie« mit einem Tablett Tee hereinkam und die Arbeit für eine »Cuppa« unterbrochen wurde.

John und Yoko kamen zu mir herüber, und wir sprachen über die Ausstellung. Ich fragte sie, ob sie denn schon wüßten, was ihre Skulptur darstellen sollte, man sei ja neugierig. Yoko flüsterte John etwas zu, sie lachten, und dann sagte John: »Das ist ein Geheimnis. Wenn wir es sagen würden, wäre alles verdorben.« Ich zögerte einen Augenblick, weil ich nicht wußte, was ich darauf antworten sollte, erklärte ihnen aber dann, daß ich es wirklich wissen müsse, um die Zustimmung des Organisationskomitees der Ausstellung zu erhalten. Sie flüsterten erneut miteinander. Dann sagte Yoko: »Nun ja, die Idee kam von John, und sie ist so schön, daß ich sie sofort verwirklichen mußte. Unsere Skulptur soll zwei in den Boden gepflanzte Eicheln darstellen. Die eine weist in Richtung Osten, die andere in Richtung Westen. Sie sollen Symbol unserer Begegnung und unserer Liebe sein, aber auch die Verschmelzung und das Aufstreben unserer beiden Kulturen verdeutlichen.«

Meine erste Reaktion war gemischt. Ich versuchte mir vorzustellen, wie die Eicheln in eine Ausstellung der besten zeitgenössischen Skulpturen passen würden. Es handelte sich damals hauptsächlich um Stein- und Bronzeplastiken und abstrakte, mit grellen Farben versehene Stahlkonstruktionen der »New Generation«. Aber die Idee von Eicheln als »living art« war originell und ganz bestimmt auch etwas, worauf etwa die Dadaisten stolz gewesen sein würden. Konzeptionelle Kunst begann sich schon langsam in den Kunstgalerien der Avantgarde in Deutschland und Italien als neue Bewegung durchzusetzen, und Yoko war eine der ersten Künstler, die eine solche Ausstellung in London veranstaltet hatte. Mir wurde klar, daß Yoko Johns Einstellung zur Kunst und zu vielen anderen Dingen verändert hatte, indem sie ihm klarmachte, daß nichts unmöglich sei. Viel mehr noch, daß alle Ideen, die sich in seinem Kopf befanden, offengelegt und verwirklicht werden müßten, um nicht nur Phantasiegebilde zu bleiben.

Die anderen Beatles riefen nun John zu, er solle wieder weitermachen. Ich blieb, um noch ein paar Playbacks zuzuhören. Als ich ging, erinnerte John mich noch einmal daran, in der darauffolgenden Woche ins Apple-Büro zu kommen, um alles Nähere über die Ausstellung zu besprechen.

Beim Tee bei Fortnum and Mason zeigte sich Fabio etwas geschockt über die Idee einer Eichelskulptur, meinte aber, so schlimm sei es nicht, er wolle alles im Komitee klären. Er wäre sich aber nicht so sicher, ob die Eichelplastik in den offiziellen Katalog aufgenommen werden könne. Als ich dies John und Yoko ein paar Tage später im Apple-Studio mitteilte, war ihre Reaktion »egal, scheißegal, dann machen wir eben unseren eigenen Katalog. Sie schreiben was dazu«, sagte John zu mir und zeigte mir daraufhin sofort ein leerstehendes Büro, in dem ich arbeiten könnte.

Überall wimmelte es von Menschen. Die Beatles hatten mit ihrer neugegründeten Gesellschaft den ganzen 5. Stock eines Bürogebäudes belegt. Ihr Haus in der Savile Row wurde damals gerade restauriert und neu möbliert. Im Büro Wigmore Street gingen alle Räume von einer großen Empfangshalle ab, die jetzt bevölkert war mit einer Unmenge von Reportern, Fotografen und bunt zusammengewürfelten Neugierigen, darunter Musiker, Freaks und Autogrammjäger, alle auf den großen Augenblick wartend.

Nachdem ich ein paar Sätze für den Katalog fertig hatte, ging ich wieder zurück in das kleine Büro, in dem sich John und Yoko an einem Schreibtisch gegenübersaßen und Kaffee tranken. Um sie herum Paul McCartney und Neil Aspinal, die sich durch einen Blätterwald herumliegender Manuskripte der »genehmigten« Beatles-Biographie lasen. Ehe ich überhaupt dazu kam, etwas zu sagen, erschien plötzlich ein Showreporter vom »Daily Mirror« in der Tür. John und Paul, beide fassungslos vor solcher Dreistigkeit, stammelten ein gemeinsames »Raus mit ihm«, doch es war schon zu spät. »Nur ein kleines Foto, Jungs«, bettelte er, als auch schon ein Fotograf die Kamera zückte und losblitzte. John herrschte ihn an: »Was soll das alles hier? Hau ab, von uns erfährst du gar nichts!« Johns Reaktion erstaunte mich. Paul schlug noch einmal den gleichen Ton an, doch beeindruckte das den Reporter offensichtlich nicht übermäßig. Er ging, und hatte eben keine Story.

Am nächsten Tag sah ich ein Detail der Geschichte über die

Beatles bestätigt. Ich wurde Zeuge der wachsenden Entfremdung zwischen John und Paul, doch im »Daily Mirror« stand dann trotzdem in großer Aufmachung die Story von den »Big Business Beatles«, gefolgt von einer Auflistung der Apple-Belegschaft und der Geschäftserwartungen im allgemeinen, zu lesen. Von Konflikten war noch nicht die Rede.

THE BIG BUSINESS BEATLES

WITH A BITE OF THE APPLE FOR ALL THEIR OLD MATES

A IS for Apple. B is for Beatles and Big Business, a multi-million pound business the group is building from a fifth-floor office in Wigmore-street.

Contacts

by DON SHORT

Stunned

Washboard

Das Foto für die Titelseite des Katalogs wurde, wie alles, in letzter Minute hergestellt. Spät am Abend rief Yoko mich vom darunterliegenden makrobiotischen Restaurant an und teilte mir mit, das Foto könne jetzt gemacht werden. In einer halben Stunde sollte ich mit einem zuverlässigen Fotografen zu ihr kommen. Ich rief daraufhin sofort Keith McMillan an, mit dem ich schon verschiedene Aufträge erledigt hatte. Wir trafen uns in einem Restaurant in Notting Hill Gate. Als wir kamen, fanden wir John und Yoko in einem der Hinterräume. Sie saßen auf Kissen, von Kopf bis Fuß in Weiß gehüllt. Ein makelloses Bild der Reinheit und Frische. Johns kastanienbraunes Haar war wie das von Yoko in der Mitte gescheitelt. Yokos pechschwarzes Haar fiel in fließenden Locken um ihr schmales Gesicht und betonte sanft den Verlauf ihrer schweren Augenbrauen über den durchdringenden schwarzen Augen. Eine Atmosphäre der Ruhe erfüllte den Raum. Es war das erste Mal, daß ich mit ihnen alleine war, weit weg vom hektischen Getriebe der Büros und Aufnahmestudios. Ihre Gesichter spiegelten Glück und inneren Frieden wider. Damals erkannte ich, daß beide sehr zarte, fast zerbrechliche Geschöpfe sind.

John und Yoko wollten einen ausgezeichneten Fotografen, der genau wissen sollte, worauf es ankam. Keith wußte instinktiv, was er zu tun hatte. Er placierte beide ans Ende eines langen, schmalen Tisches. Am anderen Ende baute er die beiden Plastiktöpfe mit den Eicheln vor der Kamera auf. Auf dem Foto schienen beide dann aufgrund der ungewöhnlichen Perspektive aus den Töpfen zu wachsen. John und Yoko waren begeistert.

Der Katalog war jetzt druckreif, Keiths Foto auf der Titelseite. Es folgten Anmerkungen von John und Yoko über ihre Plastik. John: »Das geschieht, wenn sich zwei Wolken begegnen.« Auf der gegenüberliegenden Seite Yoko: »Das geschieht, wenn sich zwei Wolken begegnen (der Satz ist von John, ich fand ihn so gut, daß ich ihn gestohlen habe).« Auf der Rückseite des Katalogs war ein kurzer Kommentar von mir: »Der Gedanke, der dahintersteckt (dem Kunstereignis), ist sehr schön, und seine Erfüllung durch den Zyklus des Wachstums ein Zweck in sich selbst. Die beste Idee, die in einem Kunstwerk Ausdruck finden kann. Denn die Natur steht weit über den künstlischen Werken der Menschen.«

John spielte jetzt wirklich Yokos Spiel – und er spielte es gut. Schon nach zwei Monaten mit Yoko war John vollkommen von ihren Ideen und ihrer Lebensart gefangengenommen. Die Welt der Avantgarde war für ihn eine willkommene Ablenkung von den Problemen der Beatles. So wie Yoko hatte er ständig neue Ideen, was Kunst und Ausstellungen anging. Es war schwer, sich vorzustellen, daß er noch vor zehn Wochen hilflos und verzweifelt in Indien beim Maharishi Rat gesucht und Texte wie *Yes, I'm Lonely Wanna Die* und *Feel So Suicidal Even Hate My Rock And Roll* geschrieben hatte. Sein Leben mit Yoko hatte ihn verwandelt.

Als der Termin der Ausstellung näher rückte, nahmen Johns Pläne immer mehr Gestalt an. Zunächst bestellte er eine versilberte Anschlagtafel, in die eingraviert werden sollte: »›John‹, von Yoko Ono, ›Yoko‹, von John, irgendwann im Mai 1968.« Dann kam ihm die Idee, die Plastik noch optisch zu vergrößern, indem er eine große, runde schmiedeeiserne Gartenbank an die Stelle setzte, an der die Eicheln vergraben werden sollten. (Er dachte dabei an die Leute, die die Plastik lieber sitzend betrachten wollten.)

John und Yoko entschlossen sich, am Vortag der offiziellen Zeremonie zur Kathedrale von Coventry zu fahren, um die Eicheln einzupflanzen. Die wichtigsten Skulpturen sollten draußen zwischen den Ruinen der während des Krieges zerstörten Kathedrale aufgestellt werden. Fabio wußte nicht genau, welche Stelle die Kirchenbehörde für das Einpflanzen der Eicheln vorgesehen hatte. Er deutete uns an, daß ein gewisser Geistlicher namens Verney noch Schwierigkeiten machen könnte. Wahrscheinlich war es die »wilde Ehe« der beiden . . .

Der große Tag kam, und ich traf mich mit John und Yoko in Johns Landhaus Kenwood, welches oben auf dem St. Georges Hill in Surrey liegt. Es war ein merkwürdiges Bild, wie die schmiedeeiserne Gartenbank auf den eleganten Wagen mit den schwarzen Fenstern gehievt wurde. Bald darauf kamen John und Yoko in weißer Kleidung aufgeregt lächelnd mit den Töpfen in der Hand aus dem Haus gelaufen. Les, der Chauffeur, legte noch ein paar Schaufeln in den Kofferraum, prüfte die Befestigung der Bank, und die dreistündige Fahrt nach Coventry begann. John beschäftigte sich mit den technischen und elektronischen Spielereien seines Autos, mit Tonbandgeräten, dem Fernseher, einem Videorecorder, dem ans internationale Telefonnetz angeschlossenen Telefon und dem Plattenspieler, der sogar bei holpriger Straße funktionierte.

John gräbt das Loch für seinen Topf mit Eicheln.

John und Yoko sitzen auf ihrer fertigen Skulptur – eine schmiedeeiserne Gartenbank befindet sich über der Stelle, an der die Eicheln eingegraben wurden.

Als wir ankamen, war kein Empfangskomitee zu sehen. John schlug vor, zu Fuß zu dem Restaurant hochzugehen, in dem der Empfang stattfinden sollte. Bald schon hatten wir eine Horde aufgeregter Kinder hinter uns, und als wir uns schließlich dem Ziel näherten, konnten wir uns vor der riesigen Menge Fans kaum noch retten. Yoko schien nervös und erschrocken neben John, der zuvorkommend alle Wünsche erfüllte und sich über das starke Interesse freute. Ruhig meisterte er die Situation, reagierte aber höflich-bestimmt, als es Zeit wurde, weiterzugehen.

Nach ein paar Drinks und einer kurzen Einführungsrede führte uns Fabio zum Ausstellungsgelände der Kathedrale, wo wir von einem kummervollen Dekan Verney in Empfang genommen wurden. Hinter dem gespielt-höflichen Wortwechsel zeigte sich schon bald, daß meine Befürchtung nicht zu Unrecht bestand. »Leider«, sagte er, (ich wußte sofort, was folgen würde) »hat uns die Kirchenbehörde nicht die Erlaubnis erteilt, Ihre Arbeit auf dem Hauptausstellungsgelände zu placieren, da es sich um geheiligten Boden handelt.«

Ich glaubte schon, Yoko würde explodieren. Der Geistliche hatte sich abgewendet und bat uns, ihm in das Büro des Dekans zu folgen »wo alles unter uns geregelt werden sollte«. Kaum war die Tür hinter uns geschlossen, setzte zwischen dem Geistlichen und Yoko eine erregte Diskussion ein, in die John ab und zu ein paar Brocken einwarf. Je mehr der Geistliche sich bemühte, die Position der Kirche zu verdeutlichen, um so aufgebrachter wurde Yoko. Alles wurde noch schlimmer, als er auch noch mit aller Überzeugung einwandt, daß die Eicheln in Wirklichkeit ja überhaupt keine Skulptur seien. Yoko wurde hysterisch und schrie den Geistlichen mit hochrotem Kopf an, er solle sofort alle bekannten Bildhauer im Lande anrufen, sie würden ihr schon recht geben. Er war einverstanden und wir versuchten nun, einige der Künstler zu erreichen. Vergeblich. Auch Henry Moore riefen wir an, doch er war nicht zu Hause. Nach weiteren Diskussionen, in deren Verlauf sich John fassungslos in einen Stuhl fallen ließ, einigten wir uns endlich auf eine Kompromißlösung. John und Yoko sollte für die Eicheln ein bestimmter Rasenplatz in der Nähe der Kathedrale zugewiesen werden. Auf den umliegenden Rasenflächen hatten schon ein paar Künstler der »New Generation« aufgebaut, die Umgebung war also nicht schlecht.

Der Ort der Handlung verlegte sich nun auf den fraglichen Rasenteil, und die Eichelaktion sollte in wenigen Minuten beginnen. Les erschien mit den Schaufeln, prüfte sorgfältig die Himmelsrichtung, und dann begannen John und Yoko die Löcher für ihre jeweiligen Töpfe zu graben. Der Geistliche (der jetzt über das ganze Gesicht strahlte) und eine kleine Gruppe Zu-

Die silberne Tafel mit den eingravierten Titeln der Eichel-Skulpturen: »Yoko« by John Lennon, »John« by Yoko Ono.

schauer sahen fasziniert zu, wie Keith McMillan umherrannte und seine Fotos schoß. Die Töpfe wurden in die Erde gesetzt und gefüllt. Alles war still, als John ein paar Erklärungen abgab und der Hoffnung Ausdruck verlieh, daß Ost und West sich bald vereinigen mögen.

Als die Zeremonie vorüber war, hatte es John eilig. Die unerwartete Konfrontation schien ihn nervös und unruhig gemacht zu haben. Wir sorgten noch für die kostenlose Verteilung des Katalogs, verabschiedeten uns hastig und waren auch schon bald wieder auf dem Rückweg nach London. Im Auto ließen wir dann unserem Ärger freien Lauf. John, der den ganzen Tag über allen Ärger in sich hineingefressen hatte, tobte und fluchte herum.

Damit war die Geschichte jedoch noch nicht zu Ende. Der Geistliche hatte die Verteilung der Kataloge verhindert. Mit der Behauptung, die Leute könnten ja denken, die Ausstellung hätte mit der persönlichen Beziehung der Künstler zu tun. Er könne so etwas nicht gutheißen. John ärgerte sich darüber maßlos. Um sich zu erleichtern, schrieb er dem Priester einen Brief, in dem er sich für dessen christliche Gesinnung bedankte. Er schrieb weiter, daß Christus für die Menschen da sei, und daß *er* sie für ihren Beitrag geliebt haben würde.

Eine Woche nach der Eröffnung der Ausstellung wurden die Eicheln mitten in der Nacht ausgegraben und gestohlen. Man rief die Polizei, die lokalen Blätter stürzten sich auf die Neuigkeit. John und Yoko mußten zwei neue Eicheln besorgen, und wir sorgten dafür, daß die Eicheln von nun an für die Dauer der Ausstellung bewacht wurden.

Die Eichelaktion war für John wichtig. Nicht nur, weil es eines seiner ersten Kunstobjekte war, das er gemeinsam mit Yoko gestaltet hatte, sondern auch als ein Zeichen des Friedens. »Osten und Westen, die sich vereinigen« – eine utopische Aussage, die auch in seiner Musik und persönlichen Philosophie auftaucht. Die Eichelaktion als konzeptionelle Friedensaussage war der Vorläufer der Bed-ins und der »Eicheln für den Frieden«, die John und Yoko später an verschiedene Weltpolitiker schickten. Damals sagte John: »Vielleicht wächst mit den eingepflanzten Eicheln auch die Friedensidee in ihren Köpfen.«

DIE BALLADE VON JOHN UND YOKO

»Zwei Jahre, bevor ich Yoko kennenlernte, war ich sehr depressiv. Mein Leben schien einfach keinen Sinn mehr zu haben. Aus meiner Verzweiflung heraus schrieb ich meine Lieder. Sie lehrte mich wieder zu denken, zu verstehen, was mit mir geschehen war, und zu erkennen, warum es lächerlich ist, so weiterzumachen.« (John Lennon, 1969)

»Bevor ich John kennenlernte, hatte ich das Gefühl, in den Augen anderer und vor mir selbst nicht mehr zu existieren. Wohin sollte ich gehen, nachdem ich meine leise Musik gespielt hatte, in der niemand mir folgen konnte? Es war so, daß ich das, was ich damals fühlte, in Bereichen lag, die bisher noch niemand betreten hatte. Ich glaubte, etwas geben zu können, doch die Menschen taten alles, um mich mißzuverstehen, und ich war sehr einsam. Ich kann diese Einsamkeit einfach nicht ertragen, und ich bin immer nahe daran, nicht mehr zu existieren. Daher bin ich froh, schreien zu können und Dinge zu tun, die mir mein Dasein beweisen. So ist es gesünder.« (Yoko Ono, 1971)

Es war nicht schwer zu erkennen, daß John und Yoko durch die ihnen gemeinsamen Gefühle der Enttäuschung und Einsamkeit zusammengefunden hatten. Beide waren überaus kreativ und verlangten als Künstler nach jemand, der an sie glaubte. Beide hatten sie die Fähigkeit zum Showgeschäft, trotz ihres nach innen gerichteten Wesens. Eine Fähigkeit, die sie immer wieder unter Beweis stellten.

Schon als ich Yoko zum ersten Mal sah, fand ich, daß sie eine ganz besondere Frau war, die einmal selbstwußt und forsch, dann aber wieder weich und empfindlich sein konnte. Nach außen hin machte sie den Eindruck einer ehrgeizigen Frau und ei-

ner auf Karriere bedachten Künstlerin. Man konnte sie nur bewundern. Ihr offenes Gesicht strahlte, als ob sie ein verborgenes Wissen in sich tragen würde. Ihr Lächeln konnte unwiderstehlich sein. Ein glückliches, natürliches Lächeln, bei dem es schwerfallen würde, nein zu sagen. In ihrem weißen Kleid wirkte sie so kindlich und jungfräulich, daß man sie für eine japanische Prinzessin halten konnte. Es war kaum zu glauben, daß sie schon 34 Jahre alt war und eine 6jährige Tochter hatte. Manchmal, wenn sie ihren Kopf zurückwarf und ihr Haar schüttelte, wirkte sie fast arrogant. Doch durch alle ihre Energie und Kreativität schien die Tragik ihres Lebens hindurch. Ich war mir bald darüber klar, daß sich hinter der Fassade eine unglückliche Frau verbarg.

Yokos Vater war ein erfolgreicher Pianist, bis ihn sein Vater zwang, eine Banklaufbahn einzuschlagen und er seine Karriere aufgeben mußte. Yoko war drei Jahre alt, als sie ihn zum ersten Mal zu Gesicht bekam. Als erstes betrachtete er ihre Hände, um zu prüfen, ob sie damit Piano spielen könne. Yoko spielte nicht gern auf dem Klavier, begann aber schon mit fünf Jahren zu komponieren. Sie versah ihre Lieder mit kleinen Zeichnungen und hielt Kinderkonzerte für ihre Freunde ab.

»Es war seltsam; sie erzogen mich so, daß ich glauben mußte, einmal ungeheuer berühmt zu werden. Ich glaube, sie wollten mich als den ersten weiblichen Premierminister von Japan sehen, wenn nicht, dann vielleicht als Diplomatin. Was dabei herauskam, war, daß ich langsam fühlte, daß sie nicht mich selbst, sondern nur ›die Ono‹ in mir liebten.«

Der Krieg war ein Trauma für Yoko. Er begann, als sie gerade neun Jahre alt war. Als die Städte evakuiert wurden, schickten ihre Eltern sie und ihre Geschwister mitsamt Dienstboten aufs Land. Nach einiger Zeit waren die Dienstboten weg, und sie mußte allein für die jüngeren Geschwister sorgen.

»Ich mußte mit dieser fürchterlichen Situation ganz alleine fertig werden. Ich bin sicher, daß diese Erfahrung sehr stark meine Entwicklung beeinflußt hat, denn ich begann, mich in mich selbst zurückzuziehen. Ich glaubte, alles sei mir aufgezwungen worden. Und später, als ich meine Einsamkeit und meine Ängste in meiner Kunst mitteilen wollte, verstand mich niemand.«

In den 50er Jahren zog Yokos Familie nach New York. Dort studierte sie dann Musik am Sarah Lawrence College. Sie forschte nach neuen Darstellungsformen, doch die Leute verstanden sie nicht. Es war gegen die Tradition. Yoko stieß auf Avantgardisten wie John Cage und Andy Warhol, lehnte sie wieder ab und ging ihre eigenen Wege. Sie verkroch sich noch tiefer in sich selbst.

»Ich wußte damals, daß ich in eine bestimmte Richtung steuerte, nur noch nicht genau, wohin. Das machte mich einsam. Der Gedanke aber, etwas tun zu können, den Menschen etwas zu hinterlassen, begeisterte mich. Aber können Sie sich vorstellen,

Yoko mit ihrer Ewigkeitsuhr, der »Eternal Time Clock«, einer goldenen Uhr, die weder Minuten- noch Stundenzeiger hat, aber fortlaufend die Sekunden tickt, auf ewig. Ausgestellt wurde sie in einem schalldichten Kasten, an dem ein Stethoskop befestigt war, durch das man die Tickgeräusche wie durch einen Verstärker hören konnte.

wie das ist, den Kopf voller neuer Ideen zu haben, aber keine Möglichkeit zu sehen, sie zu verwirklichen? Ich wußte, daß ich die Gefühle von Angst und Einsamkeit, die mich mein ganzes Leben nicht losgelassen haben, allein deshalb schon artikulieren mußte, weil sie ein universelles Problem waren.«

In der Mitte der 60er Jahre war London das vibrierende Zentrum moderner Kunst. Untergrundkünstler aus aller Welt zog es ins »Swinging London«, der Stadt der Modemacher, Musiker und der Jugend überhaupt. Mit dem Strom der Avantgarde tauchten plötzlich wie über Nacht neue Kunstwerkstätten und Untergrundgalerien auf, die mit den Kunstmausoleen der Bond Street nichts mehr gemein hatten.

Als Yoko 1966 zu einem Symposium über »Die Zerstörung der Kunst« nach England eingeladen wurde, hatte sie sich schon in der New Yorker Kunstszene mit ihrer Originalität und ihren Aktionen einen Namen gemacht. Sie fand, daß London für ihre konzeptionelle Kunst der geeignete Ort war – und blieb. Bald schon wurde man auf sie aufmerksam. Sie suchte Freiwillige für ihre Aktion, einen der Steinlöwen auf dem Trafalgar Square mit weißem Segeltuch zu umhüllen. Die skeptische englische Presse fand es müßig, sich damit zu beschäftigen und qualifizierte das Ganze einfach als Unsinn ab.

Yoko war es gleichgültig, ob Presse und Öffentlichkeit sie verstanden. Als sie John Lennon traf, waren schon einige Kunstmagazine auf sie aufmerksam geworden. In der Indica-Galerie trafen sie sich zum ersten Mal. Yoko hatte dort gerade ihre »Ausstellung Nr. 2«. Die Indica-Galerie war eine der Galerien neuen Stils. Ihr Inhaber war John Dunbar, Cambridge-Absolvent und mit Marianne Faithful verheiratet. Er hatte viele Freunde unter der Popsänger-Elite. Die Galerie lag inmitten bunt zusammengewürfelter Häuserfronten im Londoner West End, in Mason's Yard, und war über einen schmalen Kieselsteinweg zu erreichen.

Über ihre erste Begegnung existieren verschiedene Versionen. John sagte dazu in »Lennon Remembers*«:

»Ich hatte damals die Angewohnheit, mir an meinen freien

* Lennon Remembers: The Rolling Stone Interviews von Jann Wenner (San Francisco, 1971).

Tagen zwischen den Plattenaufnahmen ein paar Galerien anzusehen. Ich hatte schon von dieser erstaunlichen Frau gehört, die demnächst eine Kunstaktion abhalten wollte. Es sollten da Leute in Säcke gesteckt werden, in schwarze Säcke, und das Ganze sollte ein Happening sein. Ich ging also schon mal dorthin, um zu sehen, was los war. Da war ein Apfel für 100 Pfund. Ich fand das umwerfend. Bei einem anderen Gegenstand mußte ich mich selbst auf die Probe stellen, ob ich für oder gegen ihre Kunst war. Es war eine Leiter, die zu einem unter der Decke befestigten Bild hinaufführte. Es sah aus wie ein schwarzes Stück Leinwand, und daran hingen eine Kette mit einem Fernglas. Ich stieg die Leiter hoch, sah durch das Fernglas und sah da ganz klein geschrieben das Wort ›ja‹ stehen. Also war es positiv. Ich fühlte mich erleichtert. Ich war sehr beeindruckt , und dann machte uns John Dunbar irgendwie miteinander bekannt. John Dunbar hatte schon vorher auf sie eingeredet: ›Das ist ein guter Mäzen! Tun Sie was. Reden Sie mit ihm‹, weil ich mich gerade unentschlossen herumbewegte. Er meinte eben, sag mal dem Millionär guten Tag, na ja, Sie wissen schon. Und sie kam auf mich zu und gab mir eine Karte, darauf stand ›Atme‹. Ich schnappte also nur noch nach Luft, und ging dann hinaus. Das war unsere erste Begegnung.«

Yoko erinnert sich da etwas anders:

»Ich hatte ein Stück Holz mit der Aufforderung ›Schlagen Sie einen Nagel ein‹ ausgestellt. John fragte mich, ob er einen Nagel einschlagen dürfe. Jeder Nagel kostete 5 Schilling, und als der Inhaber John darauf aufmerksam machen wollte, hielt dieser einen Augenblick inne, und fragte, ob man denn auch nur so tun dürfe als ob. Es war herrlich! Ich spielte mein Spiel, und er spielte mit. Ich wußte nicht, wer er war. Als ich es dann erfuhr, war es mir egal. Ich meine damit , daß ein Beatle in der Kunstwelt, na ja, Sie wissen schon, was ich damit sagen will. Er hatte einen Anzug an und sah so normal aus.«

John bemerkte dazu:

»Ich hatte gerade drei Nächte durchgemacht, war unrasiert und übernächtigt. Zu der Zeit hatte ich noch meine ›trips‹. Ich

Yokos Verhüllungsaktion, dem »Trafalgar Square Wrapping Event« 1966 in London, bei der sie einen der Steinlöwen von Landseer mit einem weißen Segeltuch umhüllte.

war high. Einen Anzug habe ich nicht angehabt. Ich hatte meine psychodelische Tour!«

Das nächstemal trafen sie sich zu einer Ausstellung von Claes Oldenburgs Pop-Art. Sie sprachen kaum. Yoko nickte nur ab und zu, wenn John etwas sagte. Ein paar Wochen danach rief sie ihn an. Das erste Mal wegen Song-Texten für ein Buch über John Cage, das zweite Mal, um ihn für ihre nächste Ausstellung zu gewinnen. Sie schickte ihm eine Sammlung ihrer Gedichte unter dem Titel »Grapefruit«. John bewahrte sie neben seinem Bett auf.

»Manchmal las ich etwas daraus und ärgerte mich darüber. Da stand zum Beispiel ›Male, bis du tot umfällst‹ oder ›Blute‹. Manchmal war ich dann wieder ganz davon gefangengenommen und durchlief all die Veränderungen, die das Lesen ihrer Gedichte auslöst.«

John war bereit, ihre »Half-Wind Show« in der Untergrund-Galerie Lisson zu finanzieren. Somit erschienen sie zum ersten Mal gemeinsam vor der Öffentlichkeit. Yoko nannte die Ausstellung dann »Yoko Plus Me«. Sie bestand aus einer Reihe weißer Möbelstücke in der üblichen Anordnung, von denen jeweils nur eine Hälfte existierte. Da war ein Schlafzimmer mit einem halben Bett, darauf halbe Bettlaken und ein halbes Kopfkissen. Daneben ein halber Stuhl und nicht weit davon, ein halbes Waschbekken, auf dem, wie sollte es anders sein, eine halbe Zahnbürste lag!

John war von Yokos Welt begeistert, aber ihn beschäftigte doch die Frage, ob er wirklich dort hingehörte: »Manchmal war mir der Gedanke, jetzt Intellektueller oder verdammter Avantgardist zu sein, einfach zuwider. Dann gefiel es mir wieder. Es war ein ständiges Hin und Her«, erzählte er später.

Als Yoko ihre »Tanz-Aktion« aufführte, kamen bei John jeden Tag Karten mit »Atme« oder »Tanze« oder »Betrachte die Lichter, bis der Tag vergeht« an. Sie inspirierten oder bedrückten ihn, je nachdem, wie ihm gerade zumute war.

Im Februar 1968 ging John mit den anderen Beatles nach Indien, um sich vom Maharishi in transzendentaler Mediation unterweisen zu lassen. Dort hatte er Zeit zu entspannen und nachzudenken. Und er erkannte, daß er in Yoko verliebt war.

»In ihren Briefen schrieb sie Dinge wie ›Ich bin eine Wolke. Halte am Himmel nach mir Ausschau‹. Diese Briefe, die keine Ehefrau oder Schwiegermutter je verstanden hätte, versetzten mich in Hochstimmung. In Indien sah ich dann nicht mehr die intellektuelle Frau, sondern nur noch die Frau in ihr.«

Vom Maharishi enttäuscht, hielt John es in der Einsamkeit bald nicht mehr aus. Doch auch zu Hause fühlte er sich nicht mehr glücklich. Schon seit einiger Zeit war ihm klar, daß seine erste Ehe mit Cynthia nicht mehr funktionierte, doch fehlte ihm zur letzten Konsequenz einfach der Mut. Er wollte Cynthia und seinen Sohn Julian nicht allein lassen. Er erklärte dazu:

»Mit Cyn war es so: Sie war schwanger, und wir heirateten. Wir hatten uns nie viel zu sagen. Unstimmigkeiten störten mich nicht weiter, sie war sehr ruhig, und ich war oft unterwegs. Manchmal war ich es satt und fragte mich, wann ich wohl endlich die Frau meines Lebens finden würde. Ich hoffte darauf, sie irgendwann einmal zu finden. Dann kam ich wieder darüber hinweg. Ich glaube, ich wollte eine Frau, dir mir intellektuell etwas geben konnte und bei der ich einfach ich selbst war.«

John kehrte im April aus Indien zurück, und Yoko schickte ihm von nun an unzählige Briefe. Einige waren auf die Rückseiten alter Briefumschläge gekritzelt, andere viele Schreibmaschinenseiten lang, und wieder andere auf duftendes Papier geschrieben. Es war ganz klar, John mußte ihr verfallen. Er entschloß sich bald zu einem Weg, von dem es kein Zurück mehr geben konnte.

In seinen eigenen Worten:

»Ich rief sie an und bat sie, vorbeizukommen. Es war mitten in der Nacht. Cyn war nicht da, und ich dachte mir, wenn, dann jetzt. Als sie kam, wußte ich nicht, was ich sagen sollte. Ich nahm sie mit nach oben in mein Studio und spielte ihr alle meine Bänder vor, ein paar humoristische Sachen und elektronische Mu-

John und Yoko vor ihrem weißen Rolls-Royce.

sik. Sie war sehr beeindruckt und sagte: ›Jetzt machen wir gemeinsam etwas‹, und so entstand *Two Virgins*. Wir fingen um Mitternacht damit an und arbeiteten bis zum frühen Morgen. Anschließend haben wir dann zusammen geschlafen. Es war wunderschön.«

Yoko beschreibt ihre gemeinsame Arbeit so:

»Diese Musik war eine vollkommen neue Erfahrung für mich. Sie kam einfach aus uns beiden. Es war reine Improvisation, nichts war einstudiert. Wir trafen uns durch die Musik, unsere gemeinsame Musik, und betraten damit ein Gebiet, das keiner von uns richtig gekannt hat. Ich benutzte dazu meine Stimme und John alles, was er im Zimmer vorfand: alte Platten, Klavier und Schlagzeug. Er bediente noch zwei Tonbandgeräte und war damit der aktivere Teil von uns beiden. Ich saß einfach nur da und sang dazu. Nur einen Haken gibt es dabei: unsere Musik ist unvollendet. Wenn Sie es sich anhören sollten, können Sie einfach etwas hinzufügen, abändern oder in Gedanken fortführen.«

Dies war der Anfang ihrer »Two-Virgins«-Zeit, einer Zeit der Fröhlichkeit oder, wie John es ausdrückte, des »moralischen Terpentins«. John wurde zu ihrem Produzenten, Yoko setzte seine Phantasie um in Kunst und Musik. Er brachte ihr Rock 'n' Roll bei. John war nur noch für Yoko da und verschlang alles, was mit ihrer Arbeit zu tun hatte. Seine neuen Erfahrungen änderten seine Ansichten und vor allen Dingen seine Einstellung zu der Gesellschaft, in der er lebte.

Auch der größte Zyniker mußte jetzt einsehen, daß John ihr gänzlich verfallen war. John war es egal, was die Leute dachten und wie sie darauf reagierten, ob sie sich über sie lustig machten oder wütende Briefe schrieben, sie waren ineinander verliebt, und nur das zählte.

Sie waren so fern von allem, daß sie noch nicht einmal merkten, wie sich die anderen Beatles gegen sie formierten. Als sie wegen ihrer nächsten Aufnahme ins Studio kamen, meinten ganz besonders Paul und George, daß sie ein Eindringling sei. Paul war auf Yoko eifersüchtig, weil sie John ganz für sich in An-

spruch genommen hatte, und er zeigte ihr das auch. John gab später in »Lennon remembers« zu: »Yoko war einfach naiv. Sie behandelte die anderen wie irgendeine Begleitgruppe und regte sich fürchterlich auf, wenn sie einfach nicht auf sie reagierten. Ich glaubte, daß es auch mit Yoko mit den Beatles so weitergehen könnte, doch es funktionierte nicht. Ich entschied mich schießlich für Yoko, und das war richtig so.«

John und Yoko fotografieren sich mit Selbstauslöser für das Plattencover ihrer Platte *Two Virgins*. »Für uns war es die Krönung unserer Liebe und Ausdruck unserer Vorstellung, anderen den Wert der Liebe zu übermitteln«, sagte John.

Bei der Eröffnungsfeier seiner ersten Kunstausstellung in der angesehenen Londoner Galerie Robert Frazer am 1. Juli 1968 gestand er der Öffentlichkeit seine Liebe zu Yoko. Die Ausstellung stand unter dem Thema »You are here« und war Yoko gewidmet: »To Yoko from John, With Love«. Mittelpunkt der Ausstellung war ein weißes Stück Segeltuch, auf dem in Johns Handschrift geschrieben stand: »You are here«. Das Ausstellungsstück lag eine Etage tiefer, und man mußte vorher an einer Ansammlung von Spendenbüchsen vorbei. Gespendet werden sollte für alle möglichen Zwecke, vom »Verein für Hundeschutz« bis hin zu den »Söhnen der Göttlichen Vorsehung«.

Die Galerie war mit Leuten von Presse und Fernsehen vollgestopft. Dazwischen wimmelte es von unzähligen Gästen aus der Kunst- und Popszene. Das ganze Schauspiel erreichte seinen Höhepunkt, als 165 heliumgefüllte Luftballons in den Himmel über Mayfair losgelassen wurden. An jedem war ein Zettel befestigt mit den Worten: »You are here – please write to John Lennon, c/o The Robert Frazer Gallery, Duke Street, London W.I«. Daraufhin kamen Hunderte von Briefen. Man beschwerte sich darin, daß er sich von Cynthia scheiden lassen wollte, daß er mit Yoko zusammen war, man wetterte gegen seinen Reichtum, sein langes Haar und über seine Anmaßung, den Tempel der Kunst betreten zu haben. John war sehr überrascht: »Ich glaube, daß ich mir damit mein Image verdorben habe. Die Leute wollen mich einfach nicht anders sehen als vorher. Ich soll liebenswert für sie sein. Das bin ich aber nie gewesen. Sogar in der Schule war ich nur der Lennon, nie der herzige Junge!«

Die Kritiken über die Ausstellung waren unerwartet kühl. In einem Gespräch sagte John: »Ich muß die Leute mit der Ausstellung wohl irgendwie vor den Kopf gestoßen haben. Das war es wohl. Viele meinten, wenn es nicht um mich gegangen wäre, wäre niemand hingekommen. *Ich* habe das Ganze organisiert. Wahrscheinlich war es nur deshalb ein Reinfall. Wie hätte man es denn machen sollen?«

Yoko sagte: »Die Leute hatten wohl etwas mehr erwartet. Irgend jemand hat geschrieben: ›Das ist keine Pop-Art, das ist Lollypop-Art.‹ Nun, das war schön. Ich dachte, es wäre als Kompliment gedacht gewesen. Die Ausstellung war Johns Idee. Viele Leute meinen, daß jeder verrückte Einfall von mir stammen müßte. In Wirklichkeit hat John ständig verrückte Ideen. Nur hat er sie nie umgesetzt. Er behielt sie für sich. In 20 Minuten kann er 20 verschiedene Ideen haben, und wenn er mir davon erzählt hat, habe ich ihm gesagt: ›Die Idee ist gut, warum führst du sie nicht einfach aus?‹ Ihm kam es einfach nicht in den Sinn, seine Ideen sichtbar zu machen. Es ist ganz einfach so, wenn man etwas tut, kommt auch eine Reaktion. Und dann hat es sich gelohnt.«

»You Are Here«, Johns erste Kunstausstellung in der Robert-Frazer-Galerie in London, die er Yoko widmete: »To Yoko from John, with Love.« Das Hauptausstellungsstück war ein rundes Stück weißes Segeltuch, auf dem in der Mitte in Johns Handschrift geschrieben stand: »You Are Here«.

Draußen vor der Galerie ließen John und Yoko 365 heliumgefüllte, weiße Luftballons in den Himmel über Mayfair aufsteigen. An jedem Luftballon hing ein Zettel mit der Aufschrift: »You are here – please write to John Lennon, c/o the Robert Frazer Gallery.« Ein Kindheitserlebnis hatte John auf die Idee gebracht. Er konnte sich erinnern, wie aufgeregt er damals war, als er auf einem Feld einen Luftballon gefunden hatte, an dem ein Zettel befestigt war.

Studenten der Kunstakademie Hornsey schickten John ein rostiges Fahrrad, an dem ein Zettel befestigt war: »Dieses Ausstellungsstück kam versehentlich nicht zur Ausstellung.« John nahm es sofort in die Ausstellung auf.

Für eine freiwillige Spende der Besucher stand Johns Hut bereit.

Die tragischen Ereignisse der folgenden Monate sollten die Beziehung des ohnehin schon empfindlichen Paares auf eine harte Probe stellen.

Am 28. Oktober 1968, kurz vor Mittag, wurden sie in Ringos Apartment am Montagne Square durch lautes Lärmen und Klopfen an der Haustür aus dem Schlaf gerissen. Nach fünf Minuten stand John in der Tür, um nachzusehen. Es war Kriminalkommissar Norman Pilcher vom Rauschgiftdezernat Scotland Yard.

Eine Stunde später wurden John und Yoko, er in einem hüftlangen Heilsarmee-Mantel und sie mit Pelzjacke und Hose, unter einem riesigen Polizeiwagenaufgebot von einer Beamtin in Zivil und sechs Polizisten abgeführt. Vor der Polizei in Paddington Green wurden sie des illegalen Rauschgiftbesitzes und vorsätzlicher Behinderung der polizeilichen Durchsuchungsmaßnahmen angeklagt.

»Es war eines der schrecklichsten Erlebnisse, das ich je hatte«, sagte John danach. Am darauffolgenden Tag wurden sie vom Gericht gegen Kaution freigelassen. Draußen erwartete sie ein Spalier von Polizisten, die nur mühsam die rund 300 Neugierigen abhalten konnten.

Um Yoko vor gerichtlicher Verfolgung zu schützen und aus Angst, sie zu verlieren, hatte John die Schuld auf sich genommen. Damals hatte er noch keine Ahnung, welche Auswirkungen diese Entscheidung ein paar Jahre später auf seine Ausreisepläne nach New York haben sollte. John sagte später unter Eid aus, daß er das Haschisch nur zu Hause angepflanzt habe, Yoko und er aber damals keine Drogen zu sich genommen hätten. Es war eine wohlbekannte Tatsache, daß es Pilcher lediglich um seine Beförderung zu tun war. Später wurde er festgenommen und entlassen. Im Unterhaus wurde von einem Parlamentsmitglied, Mr. Arthur Lewis, an den Innenminister Callaghan die Frage gerichtet, ob ein solches Polizeiaufgebot für diesen einfachen Auftrag notwendig gewesen sei. Und wozu die Polizeihunde? Mr. Callaghan sagte daraufhin, daß er das Aufgebot durchaus für angemessen gehalten habe. Ebenso den Einsatz von Polizeihunden, da diese speziell für die Rauschgiftsuche ausgebildet worden seien. Gekostet hatte diese Polizeiaktion insgesamt 178 Pfund, 1 Schilling und 7 Pence.

John und Yoko vor dem Marylebone Magistrate's Court nach dem Haftverhör wegen Drogenbesitzes, umgeben von Polizisten und 300 Schaulustigen.

Einige Monate vorher hatte Johns Frau Cynthia die Scheidung eingereicht und auf Ehebruch geklagt, was John damals abstritt. Bei der Verhandlung vor Gericht nahm er dann die Schuld auf sich. Es war wahrscheinlich das Beste, was er tun konnte; denn Yoko war eine Woche vorher zu einer Bluttransfusion ins Krankenhaus gebracht worden. Es stellte sich heraus, daß sie schwanger war, ihr Kind sollte ein paar Tage nach Weihnachten kommen. John nahm sich einen Schlafsack und wachte, noch während die Scheidungsverhandlungen in vollem Gang waren, an Yokos Bett im Queen Charlotte's Maternity Hospital.

Ein Konservativer, Henry Kirby, beschwerte sich daraufhin im Parlament. Aber der Gesundheitsminister persönlich kam John zu Hilfe, indem er sagte, daß es gerade in diesem Krankenhaus nichts Besonderes sei, »einem angehenden Vater zu gestatten, bei der Geburt seines Kindes dabeizusein, und dies solange der

Arzt es zuläßt«.

Johns Rechtsanwalt David Jacobs regelte mit der Gegenpartei eine recht ansehnliche finanzielle Lösung für Cynthia. Und Tony Cox, Yokos Ehemann, meinte nur: »John ist ein toller Typ – ich kann den beiden nur alles Gute wünschen.« John nahm für die Nachwelt den Herzschlag des Babys auf Tonband auf. Doch das Schicksal meinte es nicht gut. Einen Tag nach der Scheidung erlitt Yoko eine Fehlgeburt. John, der noch immer mit der Rauschgiftsache zu tun hatte, war am Boden zerstört und schloß sich tagelang ein. »Babys machen die Welt glücklicher«, hatte er noch gesagt, als er hörte, daß Yoko schwanger war.

Drei Wochen später wurde John zur Zahlung von 150 Pfund und 20 Guineas wegen unerlaubten Besitzes von 219 Körnern Cannabis (ausreichend für ca. 40 Joints) verurteilt. Wie abgemacht, nahm er die volle Schuld auf sich, und Yoko wurde freigesprochen.

Zur Herausgabe ihrer Platte *Two Virgins* hatten sich John und Yoko ironischerweise gerade dann entschlossen, als die Wellen öffentlicher Kritik immer höher schlugen. Das Cover der Platte, die sie in ihrer ersten gemeinsamen Nacht aufgenommen hatten, zeigte sie beide nackt. Als ob nicht schon genug Probleme dagewesen wären. . . Die Platte erschien am 29. November, dem gleichen Tag, an dem John wegen der Rauschgiftaffäre verurteilt wurde. Vielen kam es vor, als ob John es darauf anlegen wollte, sich noch die letzten Sympathien zu verscherzen und er als erster Popstar unter öffentlichem Hohngelächter von der Bühne treten müßte.

Two Virgins war eine Mischung aus elektronischer Musik und Varieté-Klängen. Sie diente gleichzeitig zur musikalischen Untermalung ihres Films mit dem gleichen Titel. Ursprünglich wollte er Yoko allein auf dem Plattencover, weil es auch ihre Platte sein sollte. Sie sollte nackt sein, »weil ihre Arbeit nackt, von Grund auf simpel, kindlich und ehrlich ist«. Die englischen Musikzeitschriften beschrieben die Platte als »das meistdiskutierte außermusikalische Ereignis des Jahres«.

Die Fotos waren von John in Ringos Apartment mit Selbstauslöser gemacht worden. »Ich war leicht erschrocken, als ich die Fotos sah«, war seine erste Reaktion, »ich meine, da war ich nun, ganz nackt, auf einem Foto, und ich dachte, aha, das könnte Ärger geben!«

Und es gab Ärger. Die zuerst angesprochenen Druckereien weigerten sich, das Cover zu drucken. Dann wollte E.M.I., die Gesellschaft mit den Exklusivrechten, die Platte einfach nicht herausgeben. Alle führenden Musikzeitschriften weigerten sich, dafür zu werben. Sie weigerten sich sogar, eine bestimmte Zeichnung, die John als Alternative anbot, anzunehmen. Eine kleine englische Plattenfirma, die Track Records, brachte die Platte dann auf den Markt, jedoch mit einfachem braunem Cover. Ähnlich war es in den USA. Die Firma Capitol Records weigerte sich, und Tetragammation legte sie dann auf. In Newark, New Jersey, beschlagnahmte die Polizei gleich 30000 Platten mit der Begründung, das Cover sei pornographisch.

John sagte auf die Kritiken: »Das Foto sollte beweisen, daß wir nicht verrückt und deformiert, sondern zwei ganz normal denkende Menschen sind. Obszön konnte es nur für den sein, der dabei obszöne Gedanken hat. Wir wollten nur zeigen, daß wir uns lieben, und den anderen etwas von diesem Hochgefühl vermitteln. Wenn wir der Gesellschaft klarmachen können, daß wir uns lieben, und sie dafür aufhört, sich über uns lustig zu machen, haben wir erreicht, was wir wollten.« Zwei Wochen später wurden ihre ersten beiden Filme, »Smile« und »Two Virgins«, auf dem Chicagoer Filmfestival zum ersten Mal vorgestellt. Es waren beides im Super-8-Format gedrehte Filme ohne Profianspruch. Drehort war dabei der Garten in Kenwood. In »Smile« erscheint nur Johns Lächeln in weichen Bildern. Die Drehzeit war nur 3 Minuten, die Vorführzeit spannte sich über 52 Minuten durch eine Kamera, die es auf 20000 Einstellungen pro Minute brachte. »Two Virgins« war langsamer abgedreht. Auch dort erscheint Johns Gesicht, diesmal auf das von Yoko projiziert. Es sollte damit der Eindruck erweckt werden, daß Yoko mit Johns Augen sieht und er mit ihrem Mund lächelt. Der Film läuft 19 Minuten und gegen Ende trennen sich die beiden Gesichter

Yoko vor einem Filmausschnitt aus »Smile«, einem der ersten Filme, den sie zusammen mit John gedreht hat. Der Film besteht aus einer weichen Filmaufnahme von Johns lächelndem Gesicht. Er wurde in drei Minuten aufgenommen; die Filmdauer wurde aber mittels einer Spezialkamera auf 52 Minuten gedehnt.

wieder voneinander, und John und Yoko umarmen sich.

»In beiden Filmen wollten wir Schwingungen darstellen. Die des Films an sich, und die Schwingungen, die zwischen uns beiden herrschen«, erklärte Yoko.

John meinte: »Der Film sollte irgend jemanden zeigen, der lächelt. Yoko hatte sich das genau ausgedacht. Zuerst wollte sie, daß eine ganze Million Menschen in der ganzen Welt ihr ein Foto von sich schicken, auf dem sie lächeln. Dann sollten es nur noch ein paar Menschen sein, dann nur noch einer oder zwei, und dann war ich es, der lächeln sollte. Als Symbol für das Lächeln heute. Und das stelle ich eben dar, was es auch immer bedeuten soll. Und so lächle *ich* eben, und das ist natürlich mein Fehler; denn *ich* bin es schon wieder. Eines Tages sollte man wirklich einsehen, daß nur ich es bin. Sollen sich die Leute doch ruhig den Film ansehen, er schadet niemandem. Die Idee des Films wird sicher nicht fünfzig oder hundert Jahre lang bleiben. Das ist alles. Ich bin eben zufällig dieses Gesicht.«

Das Jahr 1969 fing schon schlecht für John an. Nach all den Krisen und Enttäuschungen hatte er sich kaum noch um die Beatles oder ihre Musik gekümmert. Er hatte genug mit Yoko und ihren

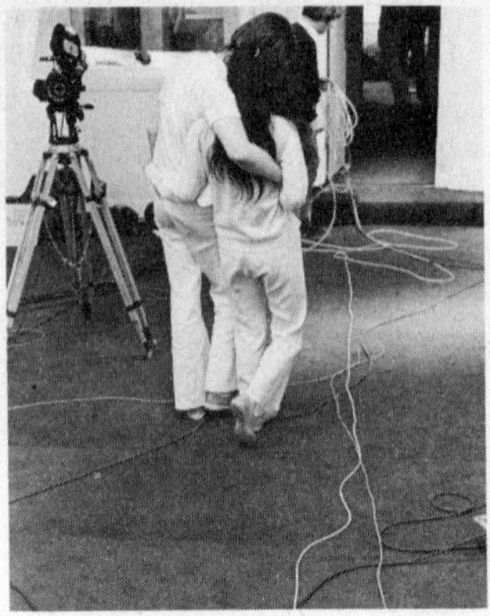

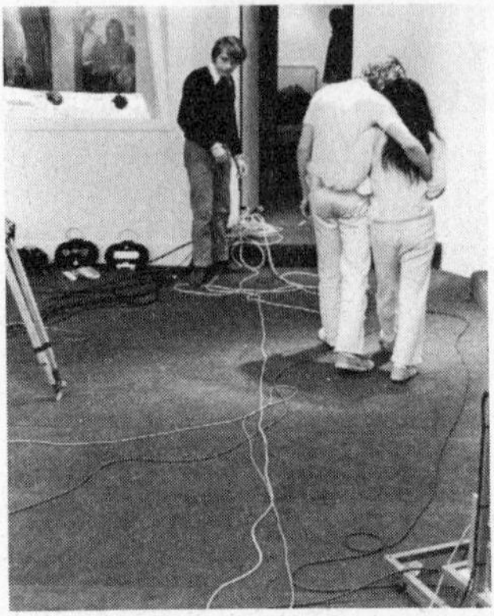

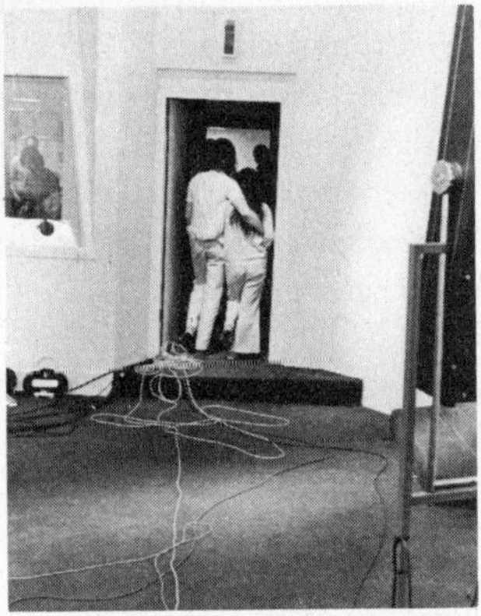

Das unzertrennliche Paar John und Yoko verlassen nach einem Drehtag für den Film »Let It Be« das Twickenham Studio.

gemeinsamen Unternehmen und Problemen zu tun. Als Paul ihn auf einen neuen Beatles-Film oder öffentliche Konzerte ansprach, wollte er nichts mehr davon wissen. Doch später gab er auf Pauls Drängen hin nach, wie er dann in »Lennon Remembers« auch zugab: »Paul leitete alles in die Wege, und wir diskutierten über das, was wir machen könnten. Doch ich war nur halbherzig dabei. Ich hatte Yoko, und alles andere war mir eben scheißegal. Außerdem war ich high und wollte einfach nicht mehr.«

John und George hatten es satt, im Film »Let it be«, nur Mittel zum Zweck für Pauls Selbstbespiegelung zu sein. Yoko wurde von allen, auch von den Beatles und deren Frauen, einfach geschnitten. Während der Dreharbeiten war sie ständig an Johns Seite. Einmal durfte sie in einer größeren Gruppe mitspielen, doch die Einstellung wurde später von Paul einfach wieder herausgenommen.

Für John waren das alles schlechte Erinnerungen. Niedergeschlagen sagte er: »Paul wollte eine Generalprobe mit uns allen veranstalten. Er ist eben ein Perfektionist. Wir nahmen ein paar Plattenstücke auf, doch niemand war so recht bei der Sache. Ich hatte einfach ein ganz, ganz furchtbares Gefühl im Twickenham-Studio. Und dann wurde man auch noch ständig gefilmt. Mir ging alles auf die Nerven. Und wir waren von 8 Uhr morgens ab im Studio. Aber um 8 Uhr oder um 10 Uhr morgens kann man einfach nicht irgendwo Musik machen. Mit all den Scheinwerfern und Filmkameras um einen herum.«

Bei Abschluß der Dreharbeiten hatten sie 29 Stunden Drehzeit zusammen. Niemand kümmerte sich mehr um die Bänder. Sie lagen irgendwo im Regal und sammelten Staub an. John beschrieb sie als »die größte Scheiße, die je auf Band festgehalten worden ist«.

Aber dann kam für John der erste Einstieg mit Yoko in die Welt der avantgardistischen Musik, einem Free-Jazz-Konzert in Cambridge. Für ihn war es das schönste Erlebnis überhaupt. Das Konzert fand an einem Sonntagnachmittg im März in der Lady Mitchell Hall statt. Drei Stunden lang bestürmten zwölf internationale Jazzmusiker ihr Publikum. Dann kamen John und Yoko auf die Bühne. Eine Cambridger Zeitung beschrieb ihren Auftritt:

»Miß Ono fing mit einem markerschütternden Heulton an, der so japanisch wie ein Noh-Play-Gesang war, und hielt ihn so lange, bis ihr der Atem versagte. John hockte zu ihren Füßen, mit dem Rücken zum Publikum, reckte seine Gitarre in ekstatischen Bewegungen zum Mikrophon oder schlug sie so dagegen, daß es zu ohrenbetäubenden Klängen kam. Das Konzert war schaurig-schön. Nicht im negativen Sinne, weil das ungewöhnliche Klangbild und die rauhe Melodie einfach faszinierten. Es gab keine ruhige Stelle darin. Ein außergewöhnliches Ereignis.«

John sagte dazu: »Sie wollte damit nicht nur ihre Stimme, sondern auch das Gitarrenspiel von allen Einschränkungen befreit sehen. Ich dachte mir die ganze Zeit, so wie bei Eric oder George oder B.B. King geht's einfach nicht, doch dann ließ ich den Gedanken einfach fallen und begleitete sie so, wie ich es für richtig hielt.«

Fern vom künstlerischen Einfluß der Beatles, brachte ihn Yoko auf tausend neue Ideen. Trotz des öffentlichen Drucks und der ständigen Gefahr, sich der Lächerlichkeit preiszugeben, durchliefen sie in ihrem ersten gemeinsamen Jahr alle Höhen und Tiefen, ohne daß dadurch ihre geistige und künstlerische Schaffenskraft verlorengegangen wäre. Bevor er Yoko kennenlernte, war John wie ein wandelnder Kokon, in sich verschlossen und abgekapselt von der Außenwelt, die er ständig bekämpfen zu müssen glaubte. Viele seiner Texte, v.a. die unvollständigen, drücken diese Zerrissenheit aus. Er stürzte sich aus der Höhe hinab, fing sich aber wieder mitten im Fall, um doch noch dem tödlichen Abgrund zu entkommen. Yoko lehrte ihn eine Sprache und weckte Instinkt, Intuition und Emotionen in ihm. Regungen, die tief in ihm verborgen lagen. Sie zeigte ihm, daß Kunst der beste Weg ist, zur Wahrheit zu gelangen. Sie eröffnete ihm neue Dimensionen und bewirkte in ihm eine innere Umwandlung. Der Einsamkeit suchende »Nowhere Man« wurde zum »Communicator«, einem Menschen, der sich mitteilen will.

Am meisten bestärkte Yoko in ihm den Künstler, dessen kreativem Horizont keine Grenzen gesetzt sind. Doch auch er gab ihr etwas, und beide verwandelten sich in eine stärkere, bewußtere Persönlichkeit, die Grundlage ihres Wachstums. Durch das Aufeinandertreffen von Yin und Yang , ihre sich ergänzenden Geister, wurde eine unzerstörbare Energiequelle geschaffen.

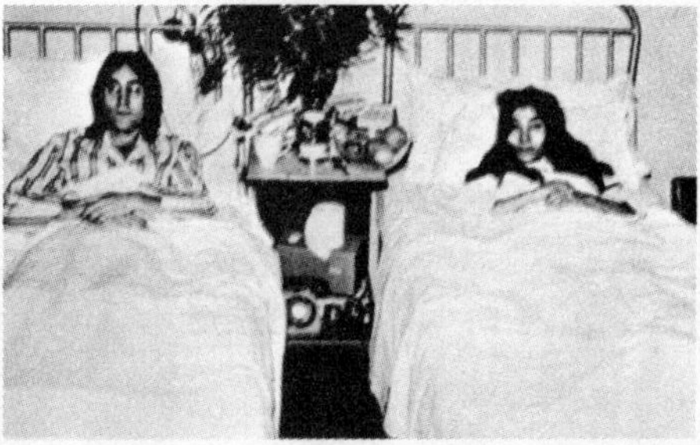

John blieb während Yokos Aufenthalt im Krankenhaus Queen Charlotte's Maternity Hospital, wo sie sich wegen einer Fehlgeburt aufhalten mußte, ständig an ihrer Seite. Als sein Bett benötigt wurde, legte er sich in einen Schlafsack auf den Boden.

WAR IS OVER!

IF YOU WANT IT

Happy Christmas from John & Yoko

DER FRIEDENSPOLITIKER

BED-INS – AMSTERDAM UND MONTREAL

»Die Idee, öffentlich für den Frieden zu demonstrieren, kam von Yoko. Hinter allem, was sie tat, steckte ein spezifisches Motiv. Ihr Motiv war Frieden. Ich hatte über die Liebe gesungen, was wohl nur ein anderes Wort für Frieden ist. Unsere Friedensdemonstrationen waren Aktionen im Yoko-Stil. Sie waren reines Theater. Die Bed-ins in Kanada waren die schönsten, und ich kam mir dabei wie ein Zuschauer vor, die ganze Inszenierung war von Yoko.« (John Lennon, 1975)

Als sie sich über die Einzelheiten ihrer Aktion im klaren waren, brauchte John nur seinen ganzen Einfluß als Beatle auszuspielen, um auf ihr Vorhaben aufmerksam zu machen. Seine rhetorische Begabung, gepaart mit unermüdlicher Energie und Durchhaltevermögen, machten ihm die Aufgabe leicht. Aus dem Bed-in sollte eine große Publikumsaktion werden.

»Schon drei Monate vor unserer Hochzeit arbeiteten wir an der wirksamsten Lösung für eine Friedenskampagne. Unsere Flitterwochen haben wir in Amsterdam in einem Bett verbracht, von dem aus wir unsere Presseinterviews gegeben haben«, erklärte Yoko. »Für uns war dies die einzige Möglichkeit, uns zu artikulieren. Zum Trafalgar Square konnten wir nicht gehen. Es wäre zu einer Straßenschlacht gekommen. Einen Friedensmarsch konnten wir uns auch nicht leisten, wegen der Autogrammjäger. So mußten wir eben eine andere Möglichkeit finden. Für den Augenblick schienen die Bed-ins am logischsten. Wir glaubten, daß ein Bed-in seine Wirkung haben wird.«

Das erste Bed-in fand statt nach ihrer heimlichen Hochzeit auf Gibraltar, am 20. März 1969. Zuerst wollten sie anderswo heiraten, doch dann wählten sie Gibraltar, weil es dort, wie John sagte, ruhig, freundlich und englisch sei. Zwei Tage später mieteten sie sich in Suite 902 des Amsterdamer Hilton ein, und die Neuigkeit, daß die Lennons sieben Tage lang in ihrem Bett für Frieden und Gewaltlosigkeit demonstrieren wollten, verbreitete sich schnell. Die Weltpresse war eingeladen, um Interviews mit ihnen zu machen.

Ganz in Weiß saßen beide in einem riesigen Bett im großen Schlafraum der Präsidentensuite, umgeben von Blumen, Postern und selbstgemalten Plakaten mit »Bed Peace«, Hair Peace« und »I love John« oder »I love Yoko«. Am ersten Tag waren schon über 50 Journalisten, Fotografen, Diskjockeys und Kameraleute da, die alle sehen wollten, was da vor sich ging. John zeigte sich sehr selbstsicher. Er redete in einem fort, mit magischen beschwörenden Worten. Sein Aussehen stand in perfektem Einklang mit seiner neuen Rolle. Langes Haar umrahmte sein bärtiges Gesicht mit den stechenden Augen hinter der runden Krankenkassenbrille. Trotz der Ernsthaftigkeit seiner Züge brach immer wieder das vertraute, jungenhafte Lächeln durch. Wenn er sprach, gestikulierte er dabei mit wilden Handbewegungen:

»Wir sind beide Künstler! Unsere Kunst ist der Frieden. Ich glaube daran, weil ich durch alles, was ich als Beatle war, und durch alles, war wir jetzt gemeinsam machen, eine echte Chance habe, andere junge Leute für uns zu gewinnen. Sie sind es doch, denen schon morgen die Welt gehört.«

Sieben Tage lang, von 10 Uhr morgens bis 10 Uhr abends sprachen John und Yoko nonstop über den Frieden. Ganze Flugzeuge mit skeptischen Journalisten flogen ein, um das Ereignis festzuhalten. Die Hälfte hatte wohl erwartet, ein sich vor der Kamera liebendes Paar zu sehen. Enttäuscht fanden sie sich vor ernstgemeinten Friedensaufrufen wieder. Die Haltung der englischen Presse war hart und diskriminierend. Erbarmungslos qualifizierten sie die Aktion als Unsinn ab. Immerhin, Johns Botschaft wurde gedruckt, versehen mit vielen großen Fotografien und allem, was ihm wichtig war.

»Wir sind eigentlich sehr scheu, aber frei heraus und ganz normal«, sagte John, »wir versuchen das Beste aus uns herauszuholen, aber wir befinden uns in einer anomalen Situation. Überall in den Zeitungen, im Fernsehen wimmelt es von Gewalttätigkeit. Das mindeste, was wir tun können, ist, die Schlagzeilen an uns zu reißen und die Leute zum Lachen zu bringen. Ich sehe in der Zeitung lieber uns im Bett als irgendeinen Politiker, der lächelnd Hände schüttelt.«

Obwohl das Bed-in ihn bis zur physischen Erschöpfung in Anspruch nahm, machte ihm das ganze Drumherum unheimlichen Spaß. »Das ist die beste Idee, die wir jemals hatten«, meinte er, »besser als in einem schwarzen Sack herumzukriechen oder etwa sich für Leute auszuziehen, die im Grunde genommen doch nicht verstehen, was wir damit wollen. Nehmen wir doch einmal an, wir hätten unsere Flitterwochen heimlich auf Capri verbringen wollen, so wie Jackie Kennedy es gemacht hat. Die Presse hätte nichts anderes zu tun gehabt, als uns aufzuspüren. Mit dem Bed-in haben wir den ganzen Zeitungsrummel zu etwas Nützlichem umfunktioniert.«

John und Yoko nach der Hochzeit vor dem britischen Konsulat.

Obwohl der Hauptantrieb für die Verwirklichung des Bed-ins, das sich letztlich mehr um John und Yoko als um die Friedensbewegung drehte, von Yoko stammte, wurde John mit der Zeit vom politischen Bewußtsein der 60er Jahre, insbesondere vom Londoner Underground, beeinflußt.

Der Untergrund war damals ein Sammelbecken für alle Arten von Künstlern, Mystikern und Außenseitern. John beteiligte sich nebenher an ihren Aktionen, hauptsächlich aber an ihrer Zeitung »International Times« (IT). Verschiedene Male schon war er von einigen ihrer prominenten Mitglieder darauf angesprochen worden, was *er* denn für den Frieden leisten würde. Ganz besonders beeindruckt hatte ihn ein Brief des umstrittenen Filmemachers Peter Watkins, der ihm darin die gleiche Frage stellte. Und in dieser Art kamen noch viele auf ihn zu. Bei der Alchimisten-Hochzeit zum Beispiel, einer Underground Weihnachtsparty im Jahre 1968, schwenkte ein Fanatiker im grauen Anzug ein Biafra-Transparent in die Luft und rief dabei aus: »Kümmert dich das, John Lennon, kümmert dich das?« während John und Yoko sich auf der Bühne in einem Sack wälzten.

Ob er wollte oder nicht, John spielte in der Jugendbewegung eine große Rolle. Als Beatle hatte er schon einen Namen, mit seinen eigenen Aktionen stärkte er seine Position noch erheblich. Ganz sicher war er in den Augen der Öffentlichkeit das politisch links stehende Mitglied der Gruppe. Seine überall bekannten Aussagen, etwa über das Christentum oder die Musik waren auch die grundsätzlichen Standpunkte der meisten Jugendlichen. Sie folgten John und den Beatles in die Drogenszene und strebten nach dem kosmischen Bewußtsein des Maharishi. Ein Austausch fand statt zwischen John und seinem Publikum, der durch die Bed-ins und später auch durch seine Musik noch vertieft wurde.

Schon während der Schulzeit hatte John politische Artikel und Satiren verfaßt und progessive Schriften in Umlauf gebracht. John ist in der Arbeiterklasse großgeworden und hat sich ein feines Gefühl dafür bewahrt: »Dort, wo ich aufgewachsen bin, war das Leben ganz schön hart. Man haßte und fürchtete die Polizei als natürlichen Feind, und man verabscheute die Armee als etwas, was jeden von uns mitnimmt und irgendwo tot zurückläßt. Das erlebt man nur in der Arbeiterklasse, obwohl sich das alles gibt, wenn man älter wird, Familie hat und nach und nach vom System verschluckt wird.«

Johns Klassenbewußtsein ging nie ganz verloren, wurde aber, zum Höhepunkt der Beatles-Welle, überdeckt. Indem er sich mit Riesenschritten vorwärts bewegte und ständig unterwegs war, baute er sich mit der Zeit sein Beatle-Image auf, was es ihm kaum noch erlaubte, seinen wahren Gefühlen Ausdruck zu verleihen. Als Epstein nach einigen Amerika-Tourneen der Gruppe beibringen wollte, nichts über Vietnam von sich zu geben, konterte John: »Hören Sie mal zu. Wenn wir das nächstemal gefragt werden, werden wir einfach sagen, daß wir gegen diesen Krieg sind und daß wir wollen, daß die Amerikaner alle aus dem Land verschwinden!« Seine Erklärung dazu war: »Ich war mir über die Vorgänge dort vollkommen bewußt, und ich schämte mich, mich nicht darüber zu äußern. Ich konnte dieses Spiel nicht mehr länger mitmachen, und so platzte es aus mir heraus. Es war einfach zuviel für mich.«

Die Bed-ins waren für John ein wichtiges Ventil für seine angestauten Gefühle und politischen Vorstellungen. Es war eine einsame und tapfere Entscheidung unter Einsatz seiner Glaubwürdigkeit. Außer Yoko gab es einfach niemanden mehr, der ihn unterstützte oder ihm zur Seite stand. Man muß schon einen starken Glauben an sich selbst haben, um so wie John allen Hindernissen zum Trotz seinen Weg zu finden. »Yoko und ich haben nichts dagegen, die Clowns zu spielen«, sagte er, »wenn dadurch etwas Gutes erreicht werden kann. Ich weiß, daß ich eine dieser ›bekannten Persönlichkeiten‹ bin. Die Leute schreiben über mich aus Gründen, die sie nur selber kennen. Sie schreiben, was ich sage, und ich sage Frieden. Wir zeigen auf niemanden mit dem Finger. Es gibt keine Guten und Schlechten. Der Kampf geht im Kopf vor sich. Bevor wir andere verurteilen, müssen wir uns erst einmal selber geprüft haben. Wir sind alle Christus und alle Hitler. Wir wollen, daß Christus siegt. Wir wollen seine Botschaft unserer Zeit anpassen. Was hätte er getan, wenn er Film, Fernsehen, Zeitungen, Platten und Werbekampagnen zur Verfügung gehabt hätte? Um gehört zu werden, wirkte Christus Wunder. Das Wunder, das uns heute möglich ist, liegt in den Medien, benutzen wir sie doch!«

Proteste wurden laut über die Kosten des Bed-in, über die Extravaganz einer Luxussuite im Hilton. Mit dem Geld hätte man vielleicht etwas Nützlicheres anfangen können. Doch John hielt an seinem Standpunkt fest: »Die Leute regten sich darüber auf, daß wir all das Geld dafür ausgeben, für Biafra und so zu demonstrieren, wo ich es doch viel besser gleich dorthin geschickt haben sollte. Aber das hatte ich schon getan. Und ich respektiere auch weiterhin diese Form der Nächstenliebe. Aber das löst die Probleme auch nicht. In einer kapitalistischen Gesellschaft wie der unsrigen können Leute mit Geld viel machen. Und wir haben Geld. Wir sind bekannt, und deshalb nutzen wir unseren Ruhm und unser Geld, um für den Frieden zu werben. Es gibt Leute, die sagen, das ist vermessener Ehrgeiz. Wir aber sind der Meinung, daß man ganz unten anfangen sollte . . .«

Das Amsterdamer Bed-in war ein Anfang, eine Art Generalprobe, um zu sehen, was mit dieser »Verkaufsstrategie« erreicht

werden konnte. Sie hatten den Eindruck, daß es ein Erfolg war; die Titelseiten der Weltpresse verbreiteten nun ihre Mission. Für John war es der Anfang eines fieberhaften Engagements für den Frieden, in das alle Medien eingeschaltet werden sollten.

Zwei Monate nach Amsterdam, beim Bed-in in Montreal, waren John und Yoko schon viel selbstbewußter. Sie waren entschlossen, Nordamerika in sich einzunehmen. Nach ihrer Kampagne »Verkaufe Frieden« in Amsterdam hatten sie noch das Echo von tausend Interviews in den Ohren, doch sollten sie sich bald darauf einer der größten Herausforderungen ihrer Karriere gegenübersehen. Verzweifelt hatten sie versucht, in die Vereinigten Staaten eingelassen zu werden, aber jedesmal wurde John ein Visum verweigert. Um nicht noch länger warten zu müssen, hatten sie sich dann entschlossen, ein zweites Bed-in dort zu veranstalten, von wo aus die amerikanische Öffentlichkeit am besten zu erreichen wäre. Die Bahamas, woran sie zuerst dachten, fanden sie vollkommen ungeeignet, und so gingen sie nach Kanada. Am 26. Mai 1969 erreichten sie um Mitternacht mit ihrem gesamten Gefolge das Queen Elisabeth Hotel in Montreal. Nach vielen Schwierigkeiten mit der Einwanderungsbehörde wurde ihnen schließlich ein zehntägiger Aufenthalt gestattet. Sie konnten in dieser Zeit mehr als 60 Interviews geben.

John und Yoko saßen in ihrer von Menschen überfüllten Suite und hielten sich gegenseitig die Hand. Um sie herum rosa und weiße Nelken, Plattenspieler, Filmmaterial und emsig telefonierende Reporter, denen sie sich ruhig und entspannt widmeten. »Durch unser Bed-in fangen die Leute an, über Frieden zu reden«, sagte John, »wir wollen die jungen Leute dazu bringen, etwas für den Frieden zu tun, darüber zu reden. Doch das muß ohne Gewalt geschehen, sonst führt es zum Chaos. Wir wollen sie dazu bringen, auf die Straße zu gehen, um zu demonstrieren, auf die Plätze. . . Die ganze Sache ist zu ernsthaft und intellektu ell geworden.«

»Wie wäre es denn, mit den Leuten zu reden, die die Entscheidungen treffen, mit den Machthabern?« schlug ein zynischer Reporter vor. John lachte. »So ein Mist. Reden? Über was? Das funktioniert doch nicht. Die amerikanische Regierung ist doch viel zu sehr damit beschäftigt, wie sie mich aus dem Land hält. Wenn ich, wie sie sagen, nur ein Witz bin, also nicht ernstzunehmen, warum lassen sie mich dann nicht rein?«

John und Yoko verbrachten viel Zeit damit, von ihrem Bett aus sämtliche amerikanischen und kanadischen Mittel- und Ultrakurzwellensender ans Telefon zu bekommen. Mit unermüdlicher Energie kämpfte er für den Frieden. Zu einer Probe seiner Schlagfertigkeit kam es, als er mit Studenten am Telefon verbunden wurde, die in einem Park in Berkeley zu einer Demonstration zusammengekommen waren. Sie hatten Angst vor einem Zusammenstoß mit der Polizei. »Gib uns mal einen Tip, was sollen wir tun? Es wird vielleicht schiefgehen!« riefen sie. Mit Verständnis und Überzeugungskraft in der Stimme antwortete ihnen John: »Es gibt nichts, für das es sich lohnen würde, mit dem Leben zu bezahlen, und nichts, was es wert wäre, dafür erschossen zu werden. Geht besser in eine andere Stadt. Tut nichts, was die Bullen gegen euch aufbringen könnte, laßt sie nicht an euch ran, beteiligt euch nicht an ihrem Spiel. Ich weiß, es ist schwer – Christ you know it ain't easy, you know how hard it can be man, so what? Alles ist schwer – es ist besser, es schwer zu haben als gar nichts zu haben!« John steigerte sich: »Fordert sie nicht heraus! Überzeugt sie – ihr habt die Kraft dazu, ihr könnt es! Ihr schafft es, Menschenskind! We can make it – together. We can get it – together!«

Zu solchen Gelegenheiten hatte ich den Eindruck, daß seine Kampagne funktionierte. Die persönlichen Kontakte und Austauschmöglichkeiten waren so viel mehr wert als ein Foto in der Zeitung. Und was am wichtigsten war: er brachte seine Botschaft zu den jungen Leuten, die wirklich an ihn glaubten und seine Botschaft brauchten.

Lange Zeit hindurch wollte John den Frieden auch in seiner Musik verkünden. Am letzten Wochende des Bed-ins, zwischen Samstagabend 8 Uhr und 3 Uhr morgens, führte John alle Leute in sein Hotelzimmer und stellte sein damals gerade geschriebenes *Give Peace A Chance* vor. Es war ein aufrüttelndes Stück mit einem einfachen, ins Ohr gehenden Refrain. Ein perfekter Ausdruck seiner Gefühle. Ein achtspuriges, tragbares Aufnahmegerät wurde ins Hotel geschafft, um alles aufzunehmen. Den Chor bildeten Entertainer Tommy Smothers, Timothy Leary und seine Frau Rosemary, Rabbi Abraham L. Feinberg und eine Anzahl kanadischer Radha Krishna-Anhänger.

Give Peace A Chance war spontan und improvisiert. Es war vielleicht Johns wichtigster Beitrag zur Friedensbewegung. Den Satz »Wir haben keinen Anführer, doch jetzt haben wir ein Lied« kannte bald ganz Amerika.

Das Bed-in in Montreal: John und Yoko gaben über 60 Interviews, sprachen über Hunderte von Radiostationen in ganz Amerika und nahmen das Stück *Give Peace A Chance* auf. Das alles von ihrem Bett im Queen Elizabeth Hotel aus.

HAIR PEACE
PEACE

PEACE
PEACE

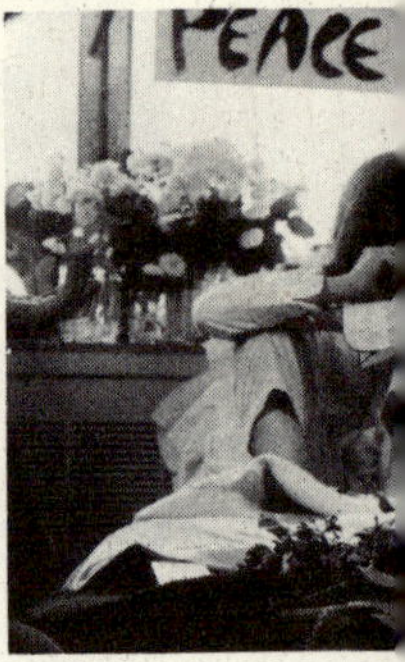
PEACE

PEACE
PEACE

HAIR
PEACE
PEACE

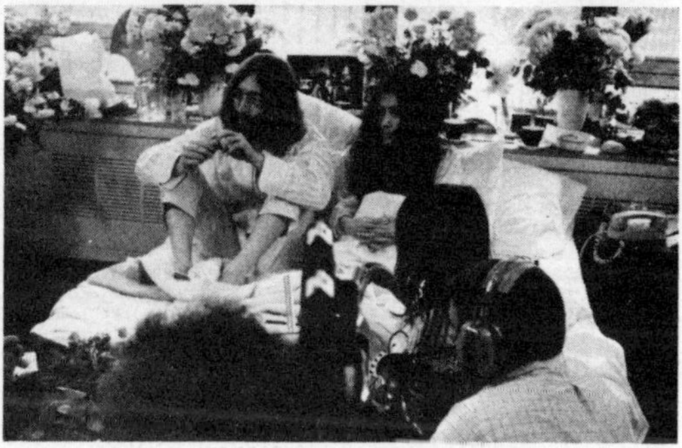

MEDIEN-KAMPAGNE

»Henry Ford wußte, wie man durch Werbung Autos verkauft. Ich verkaufe Frieden, und Yoko und ich sind eine große Werbekampagne. Sie kann dazu führen, daß die Leute drüber lachen, doch auch, daß sie drüber nachdenken. Ja, wir sind Mr. und Mrs. Pearce.« (John Lennon, 1969)

Nach dem Erfolg des Bed-ins in Montreal startete John seine Kampagne der Mediensättigung, indem er täglich so viel Interviews wie möglich über seine Friedensidee gab. Dieser Dialog mit der Presse wurde zu einer Lebensart. Immer, wenn er merkte, daß die Aufmerksamkeit nachließ, oder daß der Kampagne im allgemeinen der nötige Nachdruck fehlte, dachte er sich etwas Neues aus, um die Aufmerksamkeit wieder auf sich zu lenken. Die Kampagne erstreckte sich über 9 Monate, von April bis Dezember 1969. Es gab nur eine kurze Unterbrechung im Sommer, als John und Yoko einen Autounfall in Schottland hatten. Gleichzeitig brachten die Beatles gerade *Abbey Road* heraus.

Die Aktivitäten gingen von John und Yokos Büro im Apple-Studio aus. Von dort wurden jede halbe Stunde Interviews abgehalten, manchmal mehr als 15 an einem einzigen Tag. Die Entschlossenheit von John und Yoko faszinierte mich. Sie wurden nie müde, immer wieder die gleichen Worte zu sagen und die gleichen Fragen zu beantworten. Überall herrschten reges Tun und Energie. In der Empfangshalle und in Derek Taylors Pressebüro warteten Massen von Media-Leuten darauf, einzeln in Johns Büro geführt zu werden.

John sagte zu den Journalisten: »Ich will den Leuten nur klarmachen, daß sie selbst die Macht in Händen haben. Die Leute müssen selbst die Initiative ergreifen, ganz besonders dann, wenn die Regierung es nicht tut. Und diese Macht kann nicht durch Gewalt mobilisiert werden... Ich werde oft gefragt, was ich denn als Alternative zu diesem ganzen Durcheinander anbieten könnte. Meine Antwort darauf ist: Menschen. Ganz allein die Idee, daß der einzelne Mensch in der Lage ist, für sich selbst einzustehen. Daß wir keine zentralisierte Regierung brauchen,

John und Yoko, Ralph Ginsburg, Herausgeber von »Avant Garde«, dessen Frau, und Anthony Fawcett zeigen die »War-Is-Over«-Plakate während des Besuchs in Toronto.

keine Vaterfiguren und keine Führerpersönlichkeiten. Daß jedes Kind ein Künstler ist, bis ihm das Gegenteil unterstellt wird, und daß jeder Mensch großartig ist, bis ihn irgendein Demagoge kleiner macht. Die Regierung ist eine Erfindung, die meines Erachtens nicht funktioniert.«

Ein Ergebnis der Friedenskampagne war, daß die Presse der Vereinigten Staaten sich positiver über John äußerte. Auch gab es einige Stimmen, die fragten, warum es ihm nicht gestattet sei, in Amerika für den Frieden zu demonstrieren. »Ich bin sicher, daß wir hereingelassen werden«, sagte John, »es ist nur die Frage, unter welchen Bedingungen.«

Nachdem die amerikanische Presse zu dem Schluß gekommen war, daß es John mit seinem Friedenskreuzzug ernst war, lenkte sie die Aufmerksamkeit ganz besonders auf seine Reaktion gegenüber studentischer Gewalt: »Die Studenten werden aggressiv *gemacht*!« sagte John, »es ist wie mit dem Störenfried in der Schule. Er fordert so lange heraus, bis man ihn angreift. Und vielleicht bringen sie dich dann irgendwann um, wie in Berkeley. Establishment ist ein anderes Wort für das Übel. Das Monster kümmert es nicht . . . Die, die Gewalt wollen, sind wahnsinnig. Wir machen uns noch was aus unserem Leben. Überlassen wir die Zerstörung dem Establishment. Was sie aber nicht antasten können, ist unser Geist, für den wir kämpfen müssen. Den Studenten wurde eingeimpft, daß nur Gewalt Veränderung bringt. Das geht aber einfach nicht, dadurch wird alles nur noch schlimmer. . .«

Nach einiger Zeit wurde die Medien-Kampagne für John und Yoko zunehmend belastender, was sich auch auf ihre Beziehung auszuwirken schien. Im Büro hörte man des öfteren harte Wortwechsel. Wäre John nicht so vernarrt in den Gedanken gewesen »Frieden zu produzieren«, hätten sich, glaube ich, die Dinge irgendwann wieder beruhigt. Er fühlte sich plötzlich verantwortlich für etwas, und hatte sich damit völlig verändert. Früher war er jeder Verantwortung, so gut es ging, aus dem Weg gegangen. John schrieb an Bertrand Russell, um ihn zu bitten, ihn bei seiner Kampagne zu unterstützen. Er schrieb in dem Brief, daß er den Eindruck habe, Friede sei nicht mehr gefragt, die Jugend fordere immer mehr Gewalt, »Kill the Pigs«. Er glaube, daß er und Yoko die Situation ändern könnten, und das um so schneller, wenn Russell ihnen dabei helfen würde.

John hatte nur auf die richtige Gelegenheit gewartet. Im November 1969 war es dann soweit. Angesichts der Eskalation des Krieges in Vietnam und Biafra wollte er wieder Aufmerksamkeit für seine Ziele gewinnen. Er schickte seine ihm und den Beatles 1965 von der Queen verliehende Auszeichnung M.B.E. (Mitglied des britischen Empires) einfach wieder der Queen zurück.

Am 26. November, nach dem Frühstück, war die Stunde gekommen. John gab seinem Chauffeur Les den Auftrag, sofort zu seiner Tante Mimi nach Bournemouth zu fahren, um die Medaille, die dort auf dem Fernseher stand, zu holen. In der Zwischenzeit fuhren John, Yoko und ich wieder zum Apple-Büro. John machte es sich auf dem Rücksitz bequem, um seinen Brief an die Queen zu formulieren. Er lachte, als wir unseren Kommentar dazu gaben. Er bat mich, sofort bei der Ankunft im Büro Derek Taylor Bescheid zu geben, daß in der nächsten Stunde ein wichtiges Presseinterview stattfinden würde. Im Büro setzte sich John sofort hin, um an dem Brief weiterzuarbeiten. Als er fertig war, gab er ihn mir, damit ich ihn tippte. Benutzt werden sollte dazu das Briefpapier mit Briefkopf »Bag Productions«. Der Brief lautete:

Ihre Majestät,
aus Protest gegen die englische Einmischung in die Nigeria-Biafra-Sache, gegen unsere Unterstützung Amerikas in Vietnam und gegen das Abrutschen von ›Cold Turkey‹ in der Hitliste sende ich Ihnen diese M.B.E.-Medaille wieder zurück.
With Love,
John Lennon.

Der Brief wurde zusammen mit der Medaille in einen einfachen weißen Umschlag gesteckt und mit Johns neuem weißem Mercedes zum Händlereingang des Buckingham-Palastes gebracht. Der Premierminister in Number Ten Downing Street bekam eine Kopie. Eine Stunde später kam die offizielle Presseveröffentlichung aus dem Apple-Büro, und Derek Taylor setzte sich mit allen möglichen Leuten von Einfluß in Verbindung.

John berief auf der Stelle die Pressekonferenz ein, und es dauerte nicht eine Minute, da war das Büro schon wieder voll mit Fernsehberichterstattern, Radioreportern, Fotografen und allen wichtigen Fleet-Street-Leuten. John und Yoko saßen beide in Schwarz hinter ihrem Schreibtisch, und John las unter dem Summen der Kameras seinen Brief vor. Allen erzählte er: »Ich hatte das schon seit über einem Jahr vor, mir fehlte immer nur der richtige Zeitpunkt dazu.«

Als dann der Abend kam und alles ruhiger war, und auch die

In seinem Apple-Büro zeigt John die Briefe, die er an den Premierminister und die englische Königin geschrieben hat. Er teilt ihnen darin mit, daß er seinen Orden (M.B.E.) zurückgeben möchte.

Telefone aufgehört hatten zu klingeln, entspannten wir uns alle erst einmal. Yoko schlief auf dem Sofa ein, und John machte den Fernseher an. Gerade rechtzeitig, um sein Interview in den 6-Uhr-Nachrichten noch mitzubekommen. Er war glücklich. Am nächsten Tag aber war in den Zeitungen wieder das übliche nachzulesen. Wieder ärgerte man sich darin über seine Schnoddrigkeit, besonders wegen der Briefpassage über *Cold Turkey*. Er hatte sie mit eingebracht, um dieser so formellen Angelegenheit das Pompöse zu nehmen. Ein Sprecher vom Buckingham-Palast sagte, es hätte schon komisch ausgesehen, »daß gerade *er* die Medaille wieder zurückgeschickt habe, wo doch schon so viele Leute, allein aufgrund der Tatsache, daß sie den Beatles verliehen worden sei, ihre Auszeichnung wieder zurückgeschickt hätten«.

John erklärte weiter dazu: »Natürlich habe ich mit der Angelegenheit nur Publicity für die Friedensidee gewollt. Ich habe mich jedesmal vor Lachen gekrümmt, wenn ich das M.B.E. auf meinen Briefen sah. Ich gehörte einfach nicht in diese Art Welt. Ich glaube, daß das Establishment die Beatles damit einkaufen wollte. Jetzt gebe ich die Auszeichnung eben wieder zurück, vielen Dank. Investituren sind reine Zeitverschwendung und zumeist heuchlerischer Snobismus als Bestandteil unseres Klassensystems. Ich habe es nur angenommen, um eine große Sache für die Beatles daraus zu machen. Ich weiß, indem ich es annahm, habe ich meine Seele verkauft, doch die Friedensidee hat sie wieder erlöst.« Zu seiner Bemerkung über *Cold Turkey* sagte er: »Als wir darauf kamen, brüllten wir vor Lachen. Ein paar alte Heuchler und Snobs waren sehr aufgebracht, daß wir *Cold Turkey* in einem Atemzug mit Biafra und Vietnam gebracht haben. Aber dadurch sollte doch eben vermieden werden, daß das Ganze einen höchstoffiziellen Charakter bekam! Man sollte eben versuchen, alles mit Humor zu nehmen, and keep smiling.«

Der Palast verschloß die Medaille zur sicheren Aufbewahrung in einer Schublade.

»Ich glaube nicht, daß das die Queen in Verlegenheit bringen wird«, meinte John.

»Die Queen steht über solchen Dingen«, sagte ein Palastsprecher.

John erhielt einen Brief von Bertrand Russell, in dem er ihm mitteilte, daß er sehr erfreut gewesen sei, daß er in der Presse seinem Abscheu gegenüber der Rolle Englands in Vietnam und Biafra freien Lauf gelassen habe. »Was immer auch die Presse mir ihrer negativen Reaktion darauf angerichtet haben mag – ich bin sicher, daß damit wieder viele Menschen über die Kriege nachgedacht haben.«

Nach der M.B.E.-Angelegenheit steckten John und Yoko all ihre Energie in die »War-Is-Over« -Kampagne. Ihre Weihnachtsbotschaft sollte lauten: »*War Is Over – If You Want it – Happy Christmas, John and Yoko*.« Die Botschaft sollte von riesigen Anschlagtafeln in zwölf verschiedenen Städten der Welt ausstrahlen. Tausende von Postern sollten in den Vororten verteilt wer-

den. Yanou Collart, einer der angesehensten Pariser Public-Relations-Manager, ließ die Anschlagtafeln in den interessantesten Regionen, wie auf der Champs-Elysée und anderen bekannten Treffpunkten, aufstellen. Ähnlich war es in Rom, Berlin, Athen, Tokio, New York, Los Angeles, Toronto, Montreal und Port-of-Spain in Trinidad.

Die Kampagne wurde am 15. Dezember 1969 mit einer Wohltätigkeitsveranstaltung der Weltkinderhilfe der Vereinten Nationen »Frieden für Weihnachten«, auf der John spielte, eröffnet. Hinter der Bühne wurde eine riesige »War-is-Over«-Tafel aufgestellt. John hatte den Kern der Plastic Ono Band um sich versammelt: Alan White am Schlagzeug, Klaus Voormann am Baß, und er zog noch George Harrison, der mit Delaney und Bonnie zusammen gespielt hatte, hinzu. Bei ihm wußten wir bis zur letzten Minute noch nicht, ob er noch kommen würde. Vom winzig kleinen Garderobenzimmer aus meldete ich mich noch einmal, um zu erfahren, was denn jetzt los sei. Sie wären alle auf dem Weg, sagte man mir. Zehn Minuten später erschien George mit Eric Clapton, der gesamten Delaney and Bonnie-Band, mit Billy Preston und Keith Moon.

Zum ersten Mal innerhalb von vier Jahren standen wieder zwei Beatles zusammen auf der Bühne. Die erweiterte Gruppe wurde dann unter der Bezeichnung »Plastic Ono Supergroup« bekannt. Sie brachte eine konzentrierte Version von *Cold Turkey*, gefolgt von einem bewegten 17-Minuten-Stück von Yoko *Don't Worry Kyoko*. Yoko saß unter einem weißen Sack zu Johns Füßen. Als die anderen mit dem Stück einsetzten, stand sie auf und gab ihre durchdringenden, schrillen Töne von sich, die immer wieder durch ihren Ruf: »You killed Hanratty!« unterbrochen wurden. Als es vorbei war, wankten alle erschöpft in die Kabinen zurück.

»War Is Over« war eine sehr erfolgreiche Aktion und der Höhepunkt von John und Yokos Medien-Kampagne. Überall hingen die Plakate in den Zentren der großen Städte.

战争完結
WAR
IS
OVER!

WAR IS OVER!
IF YOU WANT IT
Happy Christmas from John & Yoko

WAR IS OVER!

WAR IS OVER!
WAR IS OVER!
WAR IS OVER!

WAR IS OVER!

WAR IS OVER!
WAR IS OVER!
WAR IS OVER!
WAR IS OVER!
WAR IS OVER!
WAR IS OVER!
WAR IS OVER!
WAR IS OVER!

WAR IS OVER!

WAR IS OVER!

KANADA: FRIEDENSFESTIVAL UND PREMIERMINISTER TRUDEAU

Als John, Yoko und ich das Landhaus von Ronnie Hawkins nicht weit von Toronto erreichten, fiel gerade Schnee. Noch einen Tag vor unserer Ankunft war die Stadt mit Tausenden von »War-is-Over«-Plakaten bepflastert worden.

Die Einladung nach Kanada war von John Brower, der Johns erfolgreiches Rock-'n'-Roll-Konzert in Toronto organisiert hatte, und Ritchie Yorke, einem fleißigen Rock-Texter, von dem John sehr viel hielt, organisiert worden. Zwei Tage zuvor hatten sie uns im Apple-Büro besucht, um mit uns die Veranstaltung eines Peace-Festivals zu besprechen, was »besser als Woodstock« werden sollte und aus dessen Erlös eine Friedensstiftung ins Leben gerufen werden sollte. Auch wurde ein Treffen mit Pierre Trudeau erwogen.

Die erste Pressekonferenz wurde vor mehr als 50 Reportern im Wissenschaftszentrum von Ontario abgehalten. John sprach langsam und mit viel Selbstvertrauen. »Wir sind wieder nach Kanada gekommen, um für ein großes Konzert für den Frieden zu werben, welches am 3., 4. und 5. Juli nächsten Jahres im Mosport-Park in der Nähe von Toronto stattfinden soll. Es soll das größte Musikfestival der Geschichte werden, und wir werden nur die besten Leute auf die Bühne bitten . . .

Mit dem Festival zusammen wollen wir auch eine internationale Abstimmung über den Frieden veranstalten. Wir werden jeden fragen, ob er für Krieg oder Frieden ist, und er soll auf dem Coupon Namen und Adresse angeben. Die Aktion soll durch die Musikzeitschriften ihren Anfang nehmen, und wenn wir so um die 20 Millionen Stimmen zusammenhaben, werden wir sie den Vereinigten Staaten vorlegen.«

Zurück im Hawkinsschen Provinzschlupfwinkel, begann John und Yokos 4tägige, intensive Friedensmission. Drei zusätzliche Telefonanschlüsse wurden daraufhin angeschafft, und das Haus verwandelte sich vorübergehend in eine wahre Relaisstation. Sämtliche amerikanischen Radiostationen wurden angerufen und mit vielen persönlichen Interviews bedacht. Der Haushalt wuchs auf etliche Personen mehr an: es kamen zwei Köche für makrobiotische Küche, es kam Dick Gregory, der seiner bissigen Kommentare wegen beliebt und begehrt war. Es kam Ray Connolly, der englische Journalist, direkt aus London, und Ralph Ginsberg, Herausgeber des »Avant-Garde«-Magazins, zusammen mit Herausgeber Bob LeShuffy, um Sendungen über Johns erotische Lithographien zu kommentieren.

Bei all dem ganzen Durcheinander fand John trotzdem noch die nötige Entspannung (und sogar noch neue Einfälle), indem er sich nebenher mit Ronnies Ski-Doos oder Amphicat-Fahrzeugen im Schnee amüsierte. Jeden Tag war er unterwegs, und man sah ihn, verpackt in dicker Armeejacke und hohen Gummistiefeln, mit 80 Stundenkilometern durch die Felder jagen.

Am Samstag vor Weihnachten traf sich John mit Marshall McLuhan in dessen Büro der Abteilung Kultur und Technologie der Universität von Toronto. Arrangiert worden war dieses Treffen von der Fernsehgesellschaft CBS. Als wir ankamen, surrten schon die Kameras. Der grauhaarige McLuhan stellte John und Yoko eine Reihe von Fragen und brachte auch seine eigenen Theorien über Musik, Sprache und die Friedensidee. »Sprache ist eine Form organisierter Stotterei«, sagte er, »beim Sprechen werden die Töne doch eigentlich in kleinste Teile zerhackt. Anders beim Singen, da kann man nicht stottern. Somit ist der Gesang eine Form, der die Sprache in zusammenhängende, harmonisch aufeinander abgestimmte Muster und Zyklen bringt. Was denken Sie über die Sprache im Gesang?«

»Sprache und Gesang bedeutet für mich, abgesehen von reiner Vibration, den Versuch, einen Traum zu beschreiben«, antwortete John, »und weil wir es nicht mit Telepathie machen können, oder sonst irgendwie, versuchen wir, uns gegenseitig den Traum zu erzählen, um zu erfahren, was in uns vor sich geht, und was wir glauben, was da ist. Das Stottern ist sicher richtig: Wie man es auch ausdrücken mag, es ist nie das, was man wirklich sagen will.« Als Yoko und John wieder in den Wagen stiegen, verabschiedete sich McLuhan von ihnen mit den

Worten: »Sie haben unser Haus durch Ihr Kommen sehr geehrt«, und winkte ihnen noch nach.

Die nächste Woche wurde aufregend, da positive Anzeichen für ein Treffen mit Trudeau sichtbar wurden. Hinter den Kulissen waren schon die Verhandlungen in vollem Gang. Heimlich trafen sich Beauftragte von John mit Vertretern des Premierministers. Am Wochenende schließlich konnte man erfahren, daß es zu einem Treffen kommen sollte, doch nur unter der Bedingung, daß keine Vorausinformationen darüber an die Öffentlichkeit kommen sollten. Die Presse sollte vom Premier erst in letzter Minute unterrichtet werden. John und Yoko waren nervös und aufgeregt.

Die Fahrt zur Hauptstadt ging montags früh mit dem Zug vom Bahnhof Union Station los. Für die Reise wurde ein ganzer Aussichtswagen mit Glasdach gemietet, in dem man auch schlafen und essen konnte. John und Yoko waren in blendender Laune und alberten mit Ritchie und mir herum. Fünf Stunden später kamen wir nach Montreal, wo schon zwei Limousinen bereitstanden, die uns ins Hotel Chateau Champlain bringen sollten, in dem eine Pressekonferenz organisiert worden war.

Zurück im Zug, wurde eilends ein Loch in eine Seite des Wagens gebohrt und ein Telefon installiert, über das John von seinem Platz aus noch etliche Friedensinterviews nach London gab. Später am Abend sollten John und Yoko zu einem geheimen Treffen der Le-Dain-Rauschgiftkommission am hinteren Ende von Bahnsteig 18 kommen und vor ihren Mitgliedern sprechen, die sich für die Legalisierung von Marihuana in Kanada einsetzten. Die Diskussion ging bis 2 Uhr morgens. In der gleichen Nacht noch liefen wir in Ottawa bei minus 10 Grad Kälte ein.

Wir waren alle noch die halbe Nacht auf und machten noch einige Telefonanrufe. Die Spannung wuchs zusehends. John war so nervös, daß er kein Auge zutun konnte. Gegen Morgen wurde er wieder ruhiger und gelassener und stand bald strahlend in seinem besten Cardin-Anzug mit großer schwarzer Krawatte und schwingendem Umhang vor uns. Um 10.30 Uhr morgens wurde die Presse über den Besuch der Lennons bei Premierminister Trudeau informiert. Um exakt 10.55 Uhr brachte uns ein Wagen zu den Parlamentsgebäuden. Über 50 Fotografen standen schon bereit. Wir mußten uns förmlich die Stufen hochkämpfen, bis John und Yoko schließlich von Regierungsbeamten ins Gebäude begleitet wurden. Nach einer letzten Besprechung und ein paar kurzen Worten mit den Beamten wurden wir in Trudeaus eichengetäfeltes Büro geführt. Um der Presse Genüge zu tun, sammelte er erst mal alle Fotografen für eine kurze Fotosession um sich. Aus dem ganzen Gewirr heraus sagte er: »Nun, ich glaube, Sie hätten jetzt wohl auch noch ganz gern einen Händedruck«, und reichte John die Hand. Dann nahm er Yoko in die Arme und drückte sie. Alles war überglücklich, die Presse genoß es. Bald drückte man sie sanft hinaus, die schweren Eichentüren schlossen sich wieder, und das Gespräch konnte beginnen.

Lennon wie auch Trudeau waren anfänglich sehr nervös, doch das legte sich nach einigen Minuten, als Trudeau ihn auf seine Bücher und Gedichte ansprach, die ihm sehr gut gefallen hatten. Das Gespräch ging bald über auf die Musik, den Generationskonflikt und die Probleme der Jugend, in der Hauptsache aber auf Johns Arbeit für den Frieden. John erzählte ihm begeistert von seinen Plänen für das Friedensfestival im Mosport-Park und erklärte ihm, warum er gerade Kanada dafür ausgewählt hatte. Trudeau schien von der Idee sichtlich beeindruckt und ging sogar so weit, ihm dafür die Unterstützung seiner Regierung zuzusichern.

Der Premier erzählte ihm mit ruhigen Worten von seiner Reise nach China und fragte John, ob er als Beatle überhaupt noch Privatleben hätte. Johns Art zu reden und seine Friedenskampagne im allgemeinen schienen starken Eindruck auf ihn gemacht zu haben. Als er sich von John und Yoko verabschiedete, sagte er, daß er sich über ihren Besuch sehr gefreut habe, und daß er hoffe, auch in Zukunft mehr solcher informellen Begegnungen haben zu dürfen. Sie hätten ihm neues Vertrauen in die Zukunft der Jugend und deren Rolle in der Verwirklichung einer friedlichen Welt vermitteln können. Er würde sie darin mit allen Mit-

John vor einer Fahrt durch den Schnee im Amphicat.

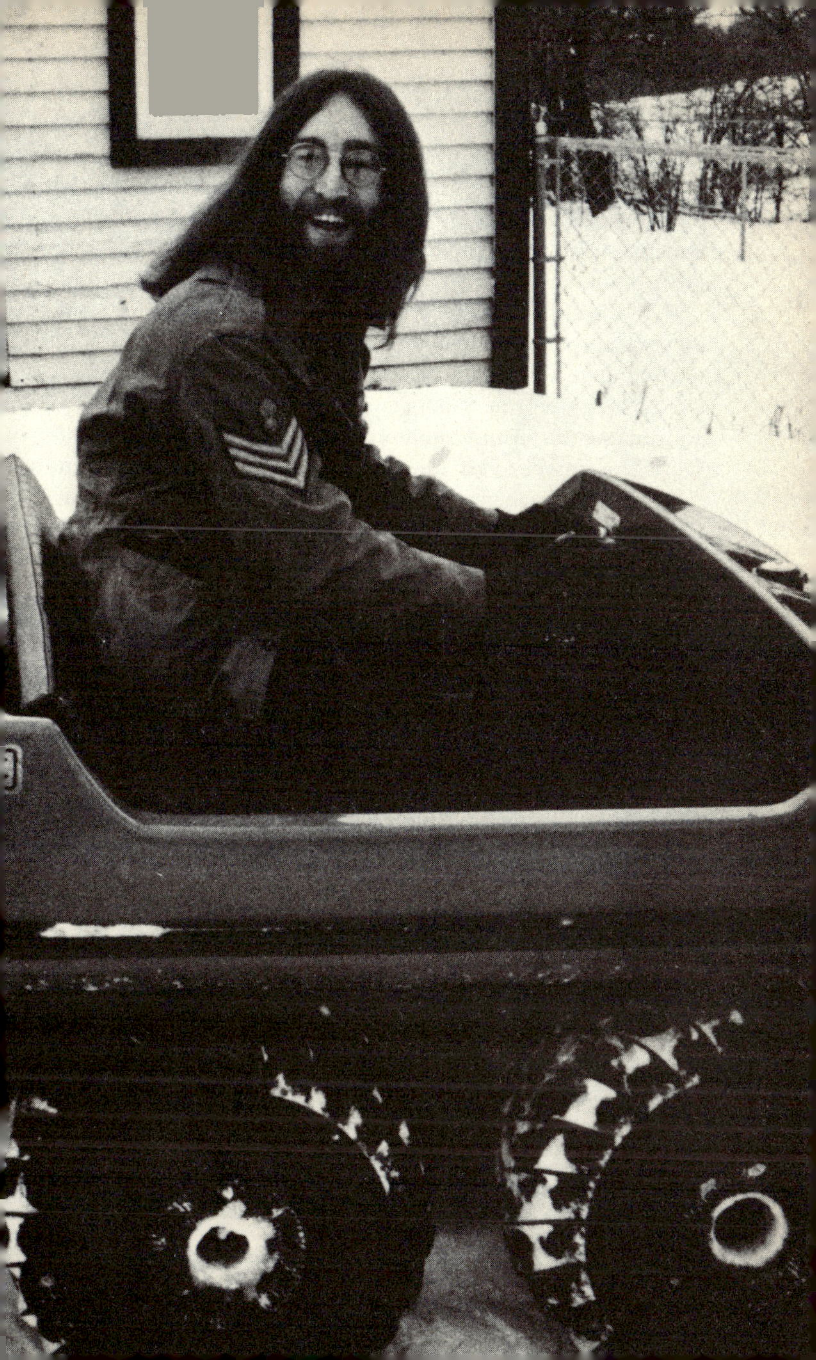

teln, die ihm zur Verfügung stünden, unterstützen.

John und Yoko wurden anschließend von der Presse belagert. John sprach lächelnd und triumphierend in das Meer von Mikrophonen: »Wenn es mehr Politiker wie Trudeau gäbe, hätte die Welt Frieden. . . Sie wissen gar nicht, wie gut sie es in Kanada haben.« Yoko fügte hinzu: »Es war eine herrliche Begegnung, die uns wieder neuen Ansporn gegeben hat.«

Vom Büro des Premierministers wurden sie anschließend zu einem längeren Gespräch mit Gesundheitsminister John Munro und einigen höheren Beamten des Ministeriums gebeten. Die Drogenfrage wurde wieder aufgeworfen, die Leute vom Gesundheitsministerium wollten Johns Meinung dazu hören. Ohne Umschweife verteidigte John die weichen Drogen, wandte sich aber energisch gegen den »hard stuff«. Munro hatte Schwierigkeiten mit dem Generationskonflikt und wandte sich ratsuchend an John: »Oft passiert es, wenn ich mit jungen Leuten sprechen will, daß sie mich kaum ausreden lassen, und mir statt dessen mit allen möglichen Plakaten und Parolen kommen.« John riet ihm daraufhin: »Schlagen Sie mit eigenen Plakaten zurück.«

Nach 24 Stunden unerwarteter Begegnungen mit Ministern und der überraschenden Zusammenkunft zwischen einem Premierminister und einem populären Musiker endete für John und Yoko einer der denkwürdigsten Tage ihrer Friedenskampagne. Für John war der direkte Kontakt mit dem Establishment wichtig. Vor unserem Rückflug nach London erklärte er den Reportern: »Trudeau hatte sich für uns als Vertreter einer gewissen Geisteshaltung in der Jugend interessiert. Wir waren über 50 Minuten zusammen, länger als mit irgendeinem anderen Regierungspolitiker.« Wieder in London zurück, sagte er mir: »Es war die beste Reise, die wir je gemacht haben. In dieser Woche haben wir mehr für den Frieden getan, als es uns je in einem ganzen Leben möglich gewesen wäre.«

Nach einem kurzen Aufenthalt in Tittenhurst fuhren John und Yoko Anfang Januar nach Dänemark. Sie wollten unbedingt Kyoko sehen und mit Tony Cox reden, sie für einige Zeit nach

Ascot mitzunehmen zu dürfen. Yoko hatte ihre Tochter sehr vermißt und oft an sie gedacht.

Das Friedensfestival in Kanada rückte in greifbare Nähe. Über 400 amerikanische Sender schlossen sich dem Peace Network an, einem Kanal, der nur über das Festival ausstrahlte. Das Magazin »Billboard« widmete eine ganze Seite der Ankündigung: »Laufende Friedensbotschaften von John und Yoko Lennon über Bandinformationen«, gefolgt von einer Auflistung der angeschlossenen Sender. Alles redete nur noch über das Festival. Die geschätzten Zuschauerzahlen reichten von einer bis zu zwei Millionen. Es war klar, daß auch die anderen Beatles auftreten würden, und es ging die Runde, daß auch Dylan und Elvis dabeisein würden. Die Karma Productions, die Organisatoren des Festivals, bauten ihr aufwendiges Büro, und sofort strömten auch schon Scharen von Geschäftemachern herbei, die dort ihre große Chance sahen.

So wie sich das Festival, oder das John-Lennon-Friedensfestival, wie es in manchen Kreisen genannt wurde, jetzt darstellte, war es noch immer ein Wunschtraum. Noch war John Lennons Rolle dabei nicht klar. Um das zu klären und um John die erst kürzlich erstellten Ortspläne zu zeigen, fuhren John Brower und Ritchie Yorke Mitte Januar von Toronto nach Dänemark. Ich fuhr mit ihnen durch die schneebedeckte Landschaft zu dem Bauernhaus, wo sich John und Yoko aufhielten. Tony Cox öffnete uns die Tür und ließ uns erst hinein, nachdem er sich vergewissert hatte, daß keiner von uns Zigaretten oder Aufputschmittel bei sich trug. Wir gingen durch die Hintertür. Um den Küchentisch herum saßen John und Yoko, Allen Klein und Melinda mit geschorenen Köpfen. Wir waren schockiert. John sagte »Hello«, lachte und fragte: »Nun, was haltet ihr davon?« Yoko schien befangener und versuchte, sich ein Lächeln abzuringen. Kyoko zerrte an Browers Jacke und flüsterte: »I'm a girl, I'm a girl.«

Das Gespräch kam sofort auf das Friedensfestival. John überflog hastig die Pläne und Vorschläge und wurde sichtlich ärgerlich, als er an die Eintrittspreise kam. »No! No! No!« schrie er, zog ein Stück Papier aus der Tasche und schob es Brower vor die

John, Yoko, Anthony Fawcett, John Brower, Wanda und Ronnie Hawkins und Ritchie Yorke im ›gläsernen‹ Zug.

Food

Nase. Darauf stand: »Kostenloses John-Lennon-Friedensfestival. Toronto, 3., 4., 5. Juli zur Feier des Jahres 1 A.P. War ist over if you want it.«

Brower und Yorke konnten es nicht fassen. Wie konnte man denn ein »kostenloses« Festival veranstalten bei den enormen Kosten für Verpflegung, Sanitätseinrichtungen und allen anderen notwendigen Einrichtungen! Es sei unmöglich. Aber John blieb dabei. Es sei für ihn die einzige Möglichkeit, ein Friedensfestival zu veranstalten. Er fügte hinzu, sie sollten jetzt nach Toronto zurückfahren, neue Pläne entwerfen, und sie ihm bis zum 1. März zur Genehmigung vorlegen. Er teilte ihnen ebenfalls mit, daß Hamrick und Leonard (zwei Freunde von Cox, die einen seltsamen Einfluß auf John ausgeübt haben) ihnen dabei helfen würden. Klein unterbrach ihn und sagte, daß er sich um die geschäftlichen Angelegenheiten kümmern wolle, wie Gruppen unter Vertrag zu nehmen und sich mit der Stiftung für den Frieden zu befassen.

John Brower und Ritchie Yorke kamen enttäuscht aus Dänemark zurück. Ein kostenloses Festival konnte einfach nicht funktionieren. John war von dem, was er vor nur einem Monat öffentlich zu verstehen gegeben hatte, keine Spur abgewichen. Einige Tage vor seinem Treffen mit Trudeau hatte er in Ankündigung des Festivals gesagt: »Wir wollen etwas veranstalten, für das die Leute bezahlt werden sollen. Es ist ja nicht einfach irgendeine Wohlfahrtsangelegenheit. Ich glaube doch, daß aus der Show für jeden gegnügend abfallen wird.«

Brower versuchte, das Beste aus allem zu machen, und schickte John Pläne über die Organisation eines professionellen Festivals. Yorke, der die ganze Welt bereits hatte, um John und Yokos Friedensbotschaft zu verbreiten, resignierte. John war noch immer fest entschlossen, ein kostenloses Festival abzuhalten und fand es an der Zeit, endlich reinen Tisch zu machen. Er überreichte mir ein Telegramm, welches ich Brower nach Toronto schicken sollte: »Lesen Sie doch einmal Ihren Bericht nach. Sie haben genau das getan, was Sie nicht tun sollten. Wir sagten, es soll ein kostenloses Konzert werden. Mit Ihnen oder Ihrem

Festival haben wir nichts zu tun. Benutzen Sie bitte dazu weder unseren Namen, unsere Ideen oder unsere Symbole. John und Yoko Lennon.«

Es ging alles sehr schnell. John war enttäuscht und niedergeschlagen. Er hatte sein Vertrauen und seinen Namen ein paar Leuten zuviel zur Verfügung gestellt. Jetzt fiel natürlich wieder alles auf ihn zurück. Nun, da das Friedensfestival nicht stattfinden sollte, zogen sich John und Yoko wieder in ihr Innenleben zurück. Für sie war die Friedensreise als Lebensanschauung vorüber.

Insgesamt gesehen, war John und Yokos Friedenskampagne ein Erfolg. Die Botschaft hat ganz sicher die Jugend in aller Welt erreicht, und mit *Give Peace A Chance* hat John wohl den wichtigsten persönlichen Beitrag geleistet.

John und Yoko hatten den Traum einer geeinten Welt, in der es keine nationalen Schranken geben sollte. Sie erkannten, daß der erste Schritt zum Frieden das Verständnis zwischen den Nationen ist; alle Menschen sollten sich als gleichwertig betrachten. John sagte Ende 1969 über seine Friedensmission: »Ich weiß, daß einige Dinge, die wir gemacht haben, den Leuten komisch vorgekommen sein mußten, aber mir tut nichts von dem leid, was wir gemacht haben. Warum sollte es auch? Wir haben eben alles nun mal gemacht. Ich weiß, daß ich mich mit einer Menge Dinge, die ich sage, wiederhole, und daß es auch oft ganz durchschnittliche Dinge sind. Das, was wir zu sagen haben, ist nun einmal sehr einfach, und wir schämen uns dessen nicht. Wir sind eben fest entschlossen, auch weiterhin etwas zu sagen, bis jemand kommt und auch etwas tut. Und da versucht man, am Tag zehn Millionen Interviews zu geben, und immer wieder etwas anderes zu sagen. . . Es gibt Leute, die eine neue Realität entdeckt haben, und andere, die Zuversicht in die Zukunft haben, wie wir. Alle reden über das, was um uns herum vor sich geht, reden von Dekadenz und all dem, aber nur wenige sind sich darüber bewußt, daß die letzten 10 Jahre auch positive Dinge gebracht haben, wie zum Beispiel so eine riesige Veranstaltung wie Woodstock, wo sich zahlenmäßig soviel Menschen versammelt haben wie sonst nur zu Kriegszeiten.«

Es gibt keinen Zweifel darüber, daß sich in den 60er Jahren ein größeres soziales Bewußtsein herausgebildet hat. John war das Spiegelbild einer Generation, die mit Plaketten und Abziehbildern, Wahlsprüchen und Petitionen, mit Sit-ins und Antikriegsparolen für den Frieden kämpfte.

Auch aus der Perspektive der Mitte der 70er Jahre hatte John nicht den Eindruck, daß seine Energien nutzlos verschwendet worden sind: »Ich gehöre nicht zu den Leuten, die sagen, daß alles wertlos war, bloß weil sich in den 60er Jahren unsere Träume nicht verwirklicht haben. Nein, trotz unserer Bemühungen gibt es einfach keinen Frieden in der Welt. Doch ich glaube, daß sich die Frieden-und-Liebe-Sache der Hippies gelohnt hat. Dadurch, daß jemand lächelt und ihm anschließend jemand ins Gesicht schlägt, verliert nicht das Lächeln seinen Sinn.« John denkt über den Frieden noch heute so wie damals. Am besten treffen auf ihn die Worte von Bradford Smith zu:

»Es gibt außer der einen noch eine andere Politik, und die beschäftigt sich mit dem Geist und der Seele des Menschen. Sie kennt weder Kapitalismus noch Kommunismus, nur das Streben nach menschlichem Glück.«

John und Yoko auf ihrer Reise zu Premierminister Trudeau von Toronto nach Ottawa.

APPLE-MONOPOLY UND DER MISSISSIPPI-GAMBLER

»Er (Allen Klein) spielt nach Gehör! Einige Leute spielen anders... sie spielen alle ein Schachspiel... ich glaube, er blufft sich so durch – er ist ein Spieler, wie diese Mississippi-Gambler. Wenn er eine Glückssträhne hat, packen wir's auch, wenn nicht, verdammt noch mal, dann ist eben die Sache gelaufen!« (John Lennon, 1969)

Als ich zum ersten Mal bei Apple war, bin ich ganz langsam über den dicken grünen Teppich nach oben gegangen. Ich wollte alles richtig in mich aufnehmen, die ganze Atmosphäre und die elektrisch geladene Luft. Die bloße Anwesenheit der Beatles machte das ganze Gebäude zu einer Art »Wunderland« für mich, und ich kam mir ganz fremd vor, als ich zum Eingang der Number Three Savile Row ging. Das weißgetünchte Bürgerhaus im King-George-Stil mit dem Fahnenmast davor wirkte eher wie eine königliche Botschaft auf mich als die Hauptniederlassung einer Plattengesellschaft. Wenn man von einem Schwarm junger Mädchen, »Apple scruffs« genannt, die die Stufen zum Eingang belagerten, absah.

Im April 1969 lud mich Yoko zu einer Besprechung ins Studio. Sie wollte wissen, ob ich Lust hätte, demnächst ganz für sie tätig zu werden, nicht nur für Kunstjobs. Sie hatten sich in John Browers riesigem Büro in schwere grüne Samtsessel niedergelassen. Der Raum war ein innenarchitektonischer Traum, in dem das kühle italienische Mobiliar perfekt mit dem schnörkeligen King-George-Stil harmonierte. Während ein Bürojunge ein paar Stücke Holz in den offenen Kamin legte, beschäftigte sich John gedankenverloren mit seinem frisch gewachsenen Bart. Als Yoko mich sah, sprang sie sofort auf und bat mich, Platz zu nehmen.

Ohne ein Wort der Erklärung drehte sich John plötzlich zu mir um, sah mir gerade ins Gesicht und donnerte los: »Nun gut, was wir machen, ist folgendes«, und dann sprudelte es nur so aus ihm heraus. Er erzählte mir 30 oder 40 verschiedene Ideen, die er hatte, und sagte auch gleich dazu, wie er sie verwirklichen wollte. Ich hatte größte Mühe, mit dem Schreiben mitzukommen. Den Job hatte ich vermutlich schon, mir fehlte nur die Zeit, zu fragen. In meinem Kopf schwirrten die Gedanken. John und Yoko vereinigten in sich so viel Dynamik, daß mich der bloße Gedanke, mit ihnen arbeiten zu können, einfach beflügelte. Für mich waren sie Genie, Clown und Exzentriker in einer Person. Das Interessante an diesem Job lag für mich im Unbekannten, nicht Alltäglichen, bei dem man nie weiß, was auf einen zukommen wird. Sei auf das Unerwartete gefaßt, sagte ich mir.

Johns nasale Stimme schreckte mich aus meinen Gedanken: »Nun, jetzt, wo wir einen Assistenten haben, brauchen wir ein eigenes Büro, stimmt's?« Yoko nickte zustimmend, und John sprang aus dem Sessel zu Peter Brown. »Welches ist das beste Büro hier?« fragte er ihn.

Vielleicht aus Angst, etwas von seiner eigenen Extravaganz einbüßen zu müssen, wurde er ganz nervös: »Oh, hm, das Büro von Ron Kass unten ist eins der größten, und geht zur Savile Row raus. Und Ron ist ja augenblicklich auch in Urlaub.«

»Right«, sagte John, »let's go«, und ging voran. Er riß die Tür auf. Ein großer Raum mit hoher Decke. Er sah sich kurz um, schien zufrieden, und wandte sich dann an die aufgeschreckten Sekretärinnen. Sie sollten alles zusammenpacken und gehen, das sei jetzt sein Büro, erklärte er. Fünf Minuten später saßen John und Yoko hinter einem überdimensionalen Schreibtisch aus Chrom und Leder, und ich saß fast wie verloren am anderen Ende des Raumes, vor mir den futuristisch anmutenden Schreibtisch mit einem angsteinflößenden Gewirr von Telefonapparaten.

Als wir in den Raum einzogen, war er noch kühl und unpersönlich. Alles war weiß. Weiße italienische Möbel, weiße Aktenschränke, eine eingebaute weiße Stereoanlage und ein weißer Fernsehapparat. Die einzigen Farben kamen von einem grünen Teppich und einem dunklen Ledersofa in der Ecke. Es vergingen nur ein paar Tage, da hatten John und Yoko den Raum auch schon komplett verändert. An den Wänden hingen nun gerahmte Fotografien und Plakate mit John und Yoko, dazu viele von Johns Cartoons. Das Büro wurde zu einer eleganten, ständig wechselnden John-und-Yoko-Ausstellung. Zwar blieb viel von dem Weiß erhalten, doch es war nun ein perfekter Rahmen für ihre unzähligen Projekte.

Am 22. April 1969 änderte John in offizieller Zeremonie auf dem Dach des Apple-Gebäudes seinen Namen. Zu Ehren Yokos wurde aus seinem Mittelnamen Winston ein Ono. Beide, in schwarzer Lederkleidung, standen mit wehenden Haaren vor dem herbeigerufenen Notar. Hinter ihnen die Silhouette des Londoner West End. Während der Zeremonie liefen sie umher, lachten und küßten sich. Der Fotograf David Nutter hielt die Szene auf Film fest. Danach sagte uns John, der sich von nun an John Ono Lennon nannte: »Yoko hat meinen Namen angenommen, ich habe ihren. Einer für beide, beide für jeden von uns. Sie hat einen Ring. Ich habe einen Ring. Wir haben jetzt zusammen 9 ›O‹s. Das bedeutet Glück. 10 wäre keine gute Zahl. Mit drei Namen hat man genug. Vier wäre einfach maßlos.«

Ich machte mich an die Arbeit. Täglich erhielten wir eine Lawine von Briefen und Presseausschnitten. In Hunderten von Briefen bat man John zu Wohltätigkeitsveranstaltungen und immer wieder zu Presseinterviews. Da John und Yoko von außerhalb kamen, erschienen sie meist gegen Mittag im Büro. Sie vertieften sich sofort in jedes Rundschreiben, in Post und Pressenachrichten. Dabei aßen sie dann ein makrobiotisches Gericht aus Reis und Gemüse mit Tamarisauce. Wir besprachen gewöhnlich im Anschluß daran unser Tagesprogramm, und ich machte mich dann an die Vorbereitung ihrer Interviews. Es waren meist 10 bis 12 Interviews am Tag, über Friedenspläne, neue Platten oder Filme.

John war froh, sein eigenes Büro zu haben, und auch ein langer, anstrengender Tag mit vielen Interviews brachte ihn nicht aus dem Gleichgewicht. Zwischendurch trank er zur Belebung seine Tasse Tee. Er koordinierte alles, was im Haus vor sich ging.

Auf dem Dach des Apple-Büros wechselt John seinen mittleren Namen Winston in offizieller Zeremonie vor dem Notar in Ono um.

▸ Nach der Zeremonie hoch über London.

Er wollte sich alles anhören, was gepreßt und unter dem Apple Label herausgegeben werden sollte, und er registrierte sorgfältig die Verkaufszahlen.

Die Ereignisse um John sogen mich vollkommen auf. Meine Verantwortung wuchs in dem Maße, wie sie mich brauchten. Bald war ich zu ihrem persönlichen Computer geworden. Wenn alle anderen schon gegangen waren, arbeiteten wir noch bis spät in die Nacht hinein. Da wurden noch unzählige Vorschläge erörtert und Memos für den folgenden Tag fertiggemacht, an dem die gleiche Hektik wieder losgehen sollte. Ab und zu steckte Sergeant Swain, der Nachtwächter, der schon fast zum Inventar gehörte, den Kopf zur Tür herein, um uns aufzumuntern oder den neuesten Klatsch zu erzählen. Die Telefone gingen bis spät in die Nacht. Meist waren es junge Amerikanerinnen, die uns schluchzend fragten, ob es stimmt, daß Paul tot sei. Der Sergeant tröstete sie alle.

In den ersten Wochen erstaunten mich bei John und Yoko die kleinen Dinge, wie zum Beispiel, daß sie die Unmenge Briefe, die täglich ankamen, auch wirklich lasen und viele davon beantworteten. Dann wunderte ich mich noch über ihre Zugänglichkeit. Es kam mir so vor, als ob jeder, der John einen einigermaßen interessanten Brief schrieb oder lange genug in der Rezeption ausharren konnte, ihn schließlich auch zu Gesicht bekam.

Ich konnte bald feststellen, daß John eine ganz besondere Anziehungskraft ausübte. Er brauchte sich dazu nicht anzustrengen, es kam einfach aus ihm heraus. Er hatte eine elektrisierende Persönlichkeit und einen messerscharfen Verstand. Er strahlte eine Regsamkeit aus, wie ich sie noch nie zuvor kennengelernt hatte. Eine andere bemerkenswerte Eigenschaft war seine unerschöpfliche Energie, die sich immer wieder aufladen konnte. Sie übertrug sich auf jeden, der nur in seiner Nähe war.

John und Yokos gegenseitige Verbundenheit zeigte sich immer wieder und war oft rührend. Yoko wich John nie von der Seite. Sogar während seiner Interviews saß sie immer in nächster Nähe. Es sah so aus, als ob jeder sich der Anwesenheit des anderen immer wieder versichert sehen müßte.

John hielt Apple ständig in Atem. Sobald er zur Tür hereinkam, spürte man förmlich, wie die Spannung zunahm. Er hatte die Angewohnheit, erst einmal in alle Büros hineinzugucken, um zu sehen, was sich so tat. Er hielt gern alle in Bewegung. Alle 3 bis 4 Tage kamen George und Ringo. Paul fühlte sich nach einer Weile gelangweilt und kam nicht mehr regelmäßig. John war der einzige, der immer wieder längere Zeit hindurch da war. »Meist bin ich in Savile Row 3«, stand unter einem sehr ausdrucksstarken Pressefoto von John, welches vom unnachahmlichen Derek Taylor herausgegeben wurde.

Apple wurde 1967 ins Leben gerufen. Nach ihrer Enttäuschung über ihren Film »Magical Mystery Tour« hatten sie sich entschlossen, künftig ihre geschäftlichen Angelegenheiten gemeinsam zu regeln. Zur Formulierung der Pläne war es beim Maharishi gekommen.

»Wir wollten anderen Menschen helfen«, sagte John, »aber ohne wohltätig zu sein oder als Kunstpropheten auftreten zu wollen. Wir mußten die Großen auf Knien um etwas bitten, mußten uns erst an die Brust klopfen und sagen: ›Bitte Herr Sowieso, können wir das und das machen?‹ Und viele der großen Gesellschaften sind so riesig und so vollkommen unerfahren mit Leuten wie uns, die nur singen oder Filme machen wollen, daß es beide Seiten schwer miteinander hatten, zurechtzukommen. Wir wollten eine gut organisierte Sache aufbauen, keine dicke fette Einrichtung haben, in der sich niemand kümmert. Wir wollen keine Leute, die nur ›yessir‹ und ›nosir‹ sagen können. Wir waren in der glücklichen Position, kein Geld mehr nötig zu haben, und konnten uns somit die Bosse vom Leib halten, die es dabei nur aufs Geld abgesehen hatten. Wenn man zu mir gekommen wäre und hätte mir gesagt: ›Ich habe den und den Traum‹, würde ich wahrscheinlich gesagt haben: ›Hier ist das Geld, erfüll ihn dir.‹ Unsere Träume haben wir uns schon kaufen können. Wir wollten diese Möglichkeit eben mit anderen teilen.«

John und Paul hielten ihre erste Apple-Sitzung auf einer chinesischen Dschunke ab, die gerade zu diesem Zeitpunkt die

John und Yokos Büro im Apple-Gebäude. Fast jeden Tag saßen sie hinter ihrem schwarzen Leder-Schreibtisch und gaben, unterstützt durch viel Tee und makrobiotische Kost, zehn bis fünfzehn Interviews. Die Wände mit den Fotos, Cartoons und Postern wurden zu einer ständigen John und Yoko-Ausstellung.

amerikanische Freiheitsstatue umkreiste. »Liberty« war genau das, was sie mit ihrer neu zu gründenden Organisation erreichen wollten. Freiheit nicht nur als eigenen Bewegungsspielraum, sondern auch für andere, denen die Freiräume erst erkämpft werden mußten.

Der rechtliche und finanzielle Aufbau der Apple-Gesellschaft wurde von ihrem damaligen Finanzberater Harold Pinsker geregelt. Er war Seniorpartner in einer der führenden Londoner Steuerberatungsgesellschaften fürs Showgeschäft. Ihr erster Flirt mit dem Textileinzelhandel über Geschäfte in Baker Street oder Kings Road überzeugte sie doch noch, daß sich ihre Steuerprobleme am besten durch die Filmarbeit, durch Plattenproduktion oder elektronische Extras lösen lassen würden. Die erste unter dem neuen Apple Label erschienene Platte bestätigte es. *Hey Jude* war nach kurzer Zeit vollkommen vergriffen.

Als Apple gegründet wurde, sagte Paul, es sollte ein »fröhliches, dynamisches und demokratisches, unternehmerisches Abenteuer werden, das letzten Endes eine Stiftung für wohltätige Zwecke hervorbringen wird«. Daneben gab es noch eine »Apple-Kunststiftung zur Förderung unbekannter Talente«. Kaum waren 18 Monate vergangen, war Paul schon unglücklich über die Kombination »unbekannter« Talente in John und Yoko. Auch von Apple war er enttäuscht und schrieb für das letzte Beatles-Album (*Abbey Road*): »You never give me your money/ You only give me funny paper/ And in the middle of negotiations/ You break down. . .«, in direkter Anspielung auf die wachsenden finanziellen Schwierigkeiten der Firma.

In ihrer Verzweiflung, Apple wieder hochzubringen, zogen sie sogar in Erwägung, einige führende englische Geschäftsleute unter Vertrag zu nehmen. Niemand schien jedoch so recht geeignet, das Problem überhaupt lösen zu können. Wie John sagte: »Das Problem liegt darin, daß uns unsere Steuerberater vor 2 Jahren geraten haben, 80 % unserer Gewinnanteile an Apple zu übertragen. Das ganze Geld wird in dieses kleine Gebäude gepumpt und kommt nicht wieder heraus. Wenn ich mein Geld aus der Firma herausnehmen könnte, würde ich mich damit unabhängig machen. Ich hätte mehr Bewegungsspielraum, und wir wären alle glücklicher.«

Zu dem finanziellen Problem kam noch hinzu, daß John sich über das Verhalten der Apple-Belegschaft und auch der anderen Beatles, Yoko gegenüber, verletzt und zurückgesetzt fühlte. »Ich fühle mich noch immer Apple und den Beatles sehr verbunden«, sagte er, »und es gibt auch keine Feindschaft zwischen uns, aber es sieht so aus, als ob sie Yoko und mich ignorieren wollten. Hier nur ein Beispiel: Kenny Everett, ein englischer Diskjockey, stellte kürzlich für eine große E.M.I.-Veranstaltung, die alljährlich stattfindet, eine Apple-Werbeplatte zusammen. Da wurden James Taylor, die Ivies und viele andere erwähnt, aber kein Wort über Yoko und mich und unsere Arbeit. Ich bin der Ansicht, daß das, was wir tun, ungleich wichtiger ist als James Taylor; Apple scheint Angst vor uns zu haben.«

Johns Gefühl der Ablehnung durch seine eigene Gesellschaft wurde durch die Auseinandersetzungen um Allen Klein noch verstärkt. Allen Klein war ein amerikanischer Firmenmanager, der jahrelang die Rolling Stones erfolgreich betreut hatte. »Wir hatten tatsächlich nichts auf der Bank, keiner von uns«, klagte John. »Paul und ich hätten vielleicht noch etwas retten können, doch wir sanken zu schnell. Es war einfach fürchterlich, und es mußte gestoppt werden. Als Allen (Klein) das im ›Rolling Stone‹ las, kam er auf der Stelle rüber.«

Ein Hinweis über den wahren Sachverhalt war schon von Steve Maltz gekommen, einem jungen Buchhalter von Apple. Er hatte John einen Brief geschickt, in dem er ihm mitteilte: »Hier herrscht das reinste Chaos. Sie verlieren Ihr Geld. Jede Woche geht viel zuviel raus.«

John sagte bitter: »Die Leute beraubten uns und lebten auf unsere Kosten. In der Woche gingen 18000 bis 20000 Pfund raus, und niemand tat etwas daran. Plötzlich merkte ich dann, daß unsere ganzen Kameraden, die schon seit Urzeiten bei uns waren, sich auf unsere Kosten ein schönes Leben gemacht haben. . . das Geld floß in solchen Strömen heraus, daß wir erledigt gewesen wären, vollkommen pleite.«

Die Beatles unterschreiben im Apple-Büro den Vertrag mit dem amerikanischen Geschäftsmann Allen Klein, den John den »Mississippi Gambler« nannte.

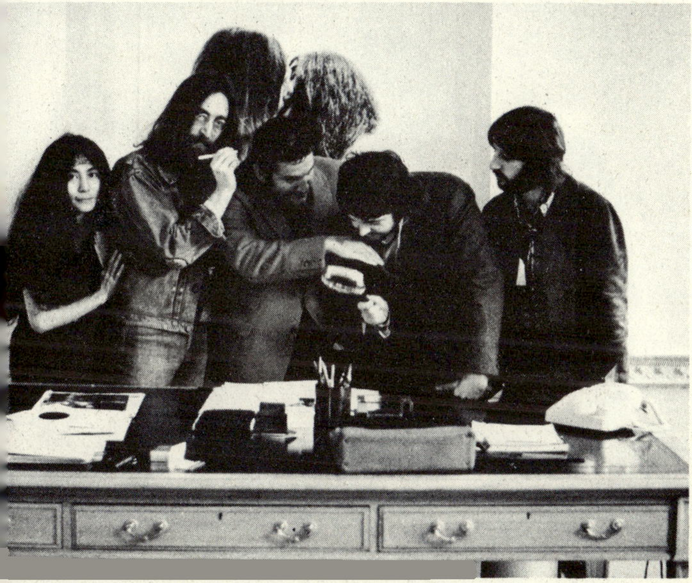

Er entschloß sich dann, etwas zu tun. »Zuerst versuchte ich ganz allein, mir ein Bild über die Situation zu verschaffen«, sagte er, »doch ich verlor immer mehr den Mut. Schließlich gab ich es auf. Mir fehlte einfach der Gesamtüberblick.« Es mußte jemand her, der das konnte, und der das Durchhaltevermögen dazu hatte. Es stellte sich heraus, daß dieser Jemand Allen Klein war. Die Entscheidung, ihn zu sehen, traf John aus purer Verzweiflung. Klein wollte schon immer auch mit den Beatles ins Geschäft kommen. Als dann John durch die Herausgabe von *Two Virgins* in der Öffentlichkeit und auch privat auf immer größere Schwierigkeiten stieß, kam es dann dazu: »Ich erfuhr von ihm durch Mick Jagger und die Rolling Stones. Er hatte sich recht gut um sie gekümmert, und so vertraute ich ihm auch. Wie ich jedem guten Geschäftsmann vertraut hätte.«

Allen Klein war ein richtiger Managertyp, eiskalt und zäh, als Mensch jedoch ausgesprochen liebenswürdig und warmherzig. John mochte ihn. Die Tatsache, daß Klein wie Johns Großvater Waise waren, führte sie weiter zusammen. Sie hatten sehr viel gemeinsam und kamen glänzend miteinander aus.

Sie trafen sich zum ersten Mal im Dorchester-Hotel. Beide waren nervös. Stundenlang unterhielten sie sich über ihre Vergangenheit. John wunderte sich sehr, daß Klein sich so gut in seiner Musik auskannte. Er kannte sogar die Gedichte, die er vor Jahren einmal geschrieben hatte. Später am Abend erkannten John und Yoko, daß Klein ihr Mann war. John schickte sofort einen Brief an E.M.I.-Chef Sir Joe Lockwood, daß er Klein zu seinem persönlichen Finanzberater ernannt habe.

Johns nächster Schritt bestand darin, Paul, George und Ringo darüber zu informieren und auf seine Seite zu ziehen. Auf der Suche nach einem geeigneten Mann für die Leitung des Apple-Büros hatte Paul vorher schon ein paar führende Londoner Unternehmensberater, unter ihnen Lord Beeching, vorgeschlagen. John fand jedoch, daß niemand sich so recht für den Job eignete.

Paul McCartney, der seit Brian Epsteins Tod die Leitung der Beatles praktisch allein übernommen hatte und auch alle wichtigen Entscheidungen traf, hatte eigene Vorstellungen. Er wollte, daß sein Schwiegervater, Lee Eastman, ein New Yorker Anwalt fürs Musikgeschäft, die Beatles und Apple managen soll. Die Entscheidung wäre auch beinahe auf ihn gefallen. Vor dem Treffen mit Klein hatte John sich nämlich schon mit Lees Sohn, John Eastman, fast geeinigt und den Vertrag unterschrieben, weil es damals keine andere Alternative gab.

Als Allen Klein auftauchte, gerieten die Eastmans in Panik. John stand der Möglichkeit eines Engagements noch immer offen gegenüber. Es wurde ein Termin vereinbart, zu dem die Eastmans, Klein und alle vier Beatles erscheinen sollten, um die Sache zu besprechen. Kaum waren sie alle versammelt, sprang auch schon Eastman auf und überhäufte Klein auf fast hysterische Art und Weise mit einer Kanonade von Beleidigungen und Schimpfworten. Klein ließ alles über sich ergehen. Von da an wollte John mit Eastman nichts mehr zu tun haben. Verärgert über Eastmans offensichtlichen Dünkel und sein Benehmen gegenüber Klein ließ ihn sofort seine Entscheidung treffen: er würde sich niemals von einem solchen Mann managen lassen.

Da für Klein und Eastman eine Einigung unmöglich schien, entstanden zwei feindliche Lager. John Lennon war für Klein. Er brauchte auch nicht lange, um die anderen von seiner Meinung zu überzeugen. Klein selbst überzeugte damit, erst einmal nur 20 %, bei Wiederbelebung des Geschäfts, zu verlangen. Zur Begründung führte er an, daß bei der derzeitigen Geschäftslage sowieso nichts zu holen sei. Obwohl Paul anfänglich seine Unterschrift zum Vertrag nicht geben wollte, hatte Klein doch schon die Unterstützung der Mehrheit auf seiner Seite. Er machte sich daher sofort an die Arbeit, und tat einfach so, als ob schon alle vier Unterschriften zusammen wären. Klein wollte den Beatles wieder genügend Geld einbringen. Wenn nicht, würde er wieder gehen. Es wurde ein Dreijahresvertrag abgeschlossen, den jede Partei zum Jahresende aufkündigen konnte.

Klein war sehr schnell; ein Bündel an Energie, seine kugelige Gestalt hatte oft Mühe, mitzuhalten. Er hatte ein jugendliches, aufgeschlossenes Gesicht und wache Augen, die schelmisch blinzelten, wenn die Rede auf Geld oder aufs Geschäft kam.

Klein war überall zu finden. Manchmal erschien er mitten in der Nacht in der Abbey Road zu irgendwelchen Plattenaufnahmen. Er quetschte uns aus wie Zitronen, weil er über alles informiert sein wollte. In den langen Korridoren legte er gewöhnlich seinen Arm um meine Schultern und fragte, was ich denn wirklich so dachte.

Ich fand nicht, daß er einschüchternd wirkte, wie so viele Apple-Insider meinten. Die Apple Belegschaft schien ihn nicht richtig leiden zu können. Kein Wunder, denn er bedrohte im Endeffekt ihre eigene Existenz. Viele von ihnen zogen es vor, freiwillig zu gehen, bevor sie rausgeschmissen wurden.

Nach ein paar Monaten war John schon beruhigter. Er hatte jetzt mehr Einblick in die Sache, die früheren Fehler kamen ihm zu Bewußtsein:

»Ich merkte, daß wir viele Investitionen aus dem Fenster geworfen haben. Zum Beispiel Northern Songs. Wir waren froh, sie los zu sein. Wir nahmen an, daß die Sache ganz gut ausgelaufen war, wir machten ja auch weiterhin unsere Hits. Dann erkannte ich, daß man mehr getan haben könnte. Zum ersten Mal erfuhr ich, woher das ganze Geld kam, wohin es ging, wo es hingegangen war, und wo es herkommen sollte. Ich würde jetzt nichts mehr unterschreiben, ohne mir vorher das Kleingedruckte angesehen zu haben. Ich weiß jetzt, was eine Merchant-Bank ist, und ich würde nicht zögern, dort auch in Zukunft vorzusprechen. Geld ist für mich kein schmutziges Wort mehr. An Aktien oder Wertpapieren bin ich nicht sonderlich interessiert. Ich bin schließlich selbst eine Aktie.«

Im Sommer wurde die Bag Productions gegründet. Sie sollte sich mit der ständig anwachsenden Menge an Filmen und Projekten, die John und Yoko herausbrachten, beschäftigen. »Bevor ich berühmt war, schmarotzte ich vom Geld der anderen Leute. Ich hatte aber immer schon das dumpfe Gefühl, daß es mir irgendwann einmal gutgehen würde. Ich glaube, ich wollte schon immer ein exzentrischer Millionär sein. Ich bin es. Ich bedaure nur, daß wir beim Aufbau von Apple nur daran gedacht haben, endlich nicht mehr von den großen Auftraggebern abhängig zu sein. Jetzt sind wir schlimmer dran als vorher. Und ärmer. Ich mußte sogar mit Yoko meine eigene Gesellschaft gründen, die Bag Productions, um noch etwas vom dahinschmelzenden Apple-Kapital zu retten.«

Der Herbst 1969 war für Apple chaotisch. Nicht nur wegen der vielen geschäftlichen Krisen, sondern auch wegen der »Paul-ist-tot«-Gerüchte, die durch ganz Amerika gingen, und der Marathon-Filmsitzungen, die John und Yoko veranstalteten.

Das Gerücht über Pauls Tod stützte sich auf einige »Hinweise«, die man offensichtlich auf der »Abbey-Road«-Plattenhülle gefunden zu haben glaubte. Paul oder sein Double, wie die Hypothese lautete, war auf der Abbildung dort der einzige Beatle, der nicht im Gleichschritt mit den anderen marschierte, dazu noch barfuß war. Die Apple-Telefonzentrale wurde förmlich blockiert mit Anrufen von Mädchen aus allen Teilen der Welt, die die Wahrheit wissen wollten.

Am Tag, als das Coverfoto hergestellt wurde, war Paul noch sehr lebendig. Ich war zu spät dran. Als ich schließlich in den E.M.I.-Studios ankam, bat mich John, dem Fotografen Ian McMillan zur Seite zu stehen. Alle lachten, als Paul ohne Schuhe ankam. Obwohl er um die Ecke wohnte, war er nicht bereit, sich welche zu holen. McMillan stellte seine Kamera mitten auf der Abbey Road vor den Studios auf, und während die Polizei den Verkehr stoppte, gingen die Beatles drei- oder viermal über die Straße. Immer hieß es wieder »Stop! Start again«, bis die Aufnahme im Kasten war.

McMillan war mit seiner Aufnahme zufrieden. Dann sollte ich mit ihm die Abbey Road nach einem guten Straßenschild für das Backcover abfahren. Es sollte eins von diesen alten, in Backstein eingelassenen Namen sein. Das beste fanden wir am äußersten Ende der Abbey Road. Wir stellten die Kamera an den Straßenrand. McMillan wollte hintereinander eine Reihe von Aufnahmen machen. Als er mitten in der Arbeit war, ging gerade ein Mädchen in blauem Kleid ahnungslos vor der Kamera vorbei. McMillan fluchte. Doch gerade diese Aufnahme war die gelun-

Fotograf Iain McMillan rief: »Stop! Noch mal von vorne!«, und das so lange, bis er sicher war, das richtige Foto von den Beatles, die die Abbey Road überqueren, geschossen zu haben.

genste, und man nahm sie fürs Backcover. Danach trafen wir uns alle zum Tee bei Paul in St. John's Wood.

Am 10. September 1969, zwei Wochen später, organisierten John und Yoko ihren ersten von zwei Filmabenden im Institut für zeitgenössische Kunst (ICA). Das Filmemachen war ihre Leidenschaft geworden. Hunderte von Stunden hatten sie den Dreharbeiten gewidmet. Ihnen machte es einfach Spaß, ihrer Kreativität Ausdruck zu verleihen, und so konnten sie schwierige Probleme erst einmal vergessen.

Es begann mit zwei Filmen. Die englische Premiere von »Rape« und die Welturaufführung von »Self Portrait«. »Rape« war für das österreichische Fernsehen gedreht und dort am 31. März 1969 gesendet worden. Der Film handelte von der Verfolgung eines jungen Mädchens durch überaggressive Kameraleute. Das Mädchen, eine 21jährige Ungarin, hatte keine Ahnung, worum es in dem Film ging, in dem sie von der Kamera »vergewaltigt« wird. Der Film sollte die Wirkung gnadenloser Informationssucht der Medien auf bekannte Persönlichkeiten wie John und Yoko zeigen. Ironischerweise war dies der erste Film, der ein positives Echo in der Presse fand.

Anläßlich der Weltpremiere von »Rape« in Wien erschienen John und Yoko zur Pressekonferenz im Roten Salon des Hotels Sacher in einem weißen Sack. Dieser »Bagism«, wie sie es nannten, hatte seinen Ursprung in einer von Yokos früheren Kunstshows. Zweck der Aktion war die Herstellung »totaler Kommunikation«; jeder, der in dem Sack steckte, konnte sich frei und ungehemmt äußern, ohne auf Vorurteile gegenüber seiner Person stoßen zu müssen.

»Self Portrait« war ein Warhol-ähnlicher 15-Minuten-Film. Eine Erektion von John in Zeitlupenaufnahme. Ein Produkt seines Humors und seiner Neigung zur Exzentrik. Auch sollten wohl die Kritiker damit geärgert werden. Als er etwa zur gleichen Zeit gefragt wurde, ob er damals so etwas wie ein Anführer gewesen sei, antwortete er: »Ich lehne es ab, zu führen. Und ich werde immer meine Genitalien oder sonst was zeigen; so werde ich nicht mit Martin Luther King oder Gandhi verwechselt und vielleicht ermordet.«

John und Yoko hatten zwar zugesagt, zur Filmshow ins Kunstinstitut zu kommen, entschieden sich aber an jenem Tag doch anders. An ihrer Stelle wollten sie ihr »bag« schicken. So setzten wir uns also zusammen, um ein Ersatzpaar für sie zu finden. Sie mußten ungefähr die gleiche Größe haben. Wir wählten schließlich zwei Freunde einer Sekretärin von Apple dafür aus. Nach einer kurzen Besprechung stülpte man ihnen den Sack über und führte sie zu Johns weißem Rolls. Vor dem Institut half ich dem »Sack« aus dem Auto, und schon richteten sich Blitzlichter und Filmkameras auf den vermeintlichen Auftritt von John und Yoko. Ich führte den »Sack« durchs Theater auf die Bühne, wo sie sich vor der Leinwand niederließen. Während der Aufführung verteilten vier blonde Hostessen Holzlöffel und Biskuitdosen im Publikum, um damit den Takt zu schlagen. Das Paar im Sack läutete mit Glocken und stimmte eine Art Hare-Krishna-Gesang an. Ein Kritiker meinte später, er hätte Johns nasale Stimme wiedererkannt. Zusätzlich noch sollte ein von John und Yoko beauftragtes Kamerateam sich im Zuschauerraum aufhalten und die Reaktion der Kritiker auf jeden einzelnen Film mit spezieller Infrarottechnik festhalten.

John genoß seine Rolle als »Filmregisseur« und setzte nun all seine Energie in »Apotheosis«, sein erster Farbfilmversuch auf Breitwand. Wie immer waren die Vorstellungen für den Film am Anfang noch unklar. Darin vorkommen sollte jedoch ein Heißluftballon. Am Ballonkorb sollte eine Filmkamera befestigt werden. Sie sollte das Aufschweben durch die Wolken in die Sonne festhalten.

Nachdem wir einen Ballonfahrer gefunden hatten und Kameramann Nick Knowland dazu gebracht war, im Ballon aufzusteigen, versammelten wir uns alle an einem nebligen Septembermorgen auf einem verlassenen Flugfeld in der Nähe von Basingstoke. Das erste Problem war, eine solide hölzerne Stützplatte für die schwere 35-mm-Kamera zu bauen. Als nächstes wollte John eine Zeitlupeneinstellung von ihm und Yoko. Sie sollte an ihren Füßen einsetzen, über den Körper und den Kopf hinwegheben und weiter in den Himmel gehen. Es war eine sehr schwierige Einstellung, die direkt vom aufsteigenden Ballon gemacht werden mußte. Der Ballon wurde mehrere Male vom Wind abgetrieben, und jeder mußte sich gegen eine Seite des Ballons stemmen, damit er nicht über den Boden schleifte. Schließlich war eine erfolgreiche Aufnahme »im Kasten«, und der Ballon erhob sich langsam in die Wolken.

Als wir uns ein paar Tage später im Tatooist International, dem Filmstudio unseres Kamerateams in Soho, den Film ansahen, meinte John, daß die Aufnahmen vom Ballon das Durchbrechen durch die Wolken nicht wiedergeben würden. Der Ballon war dazu nicht hoch genug gekommen. Sein neuer Plan war, Nick Knowland in einem gemieteten Helicopter wieder hochzuschicken, um von dort aus Wolkenformationen und den weiten Himmel zu filmen. Die restlichen Filmmeter wurden dann von John und Yoko zu einem akzeptablen Film zusammengeschnitten. Der Titel »Apotheosis« wurde von einem Freund, Derek Hill, dem Filmorganisator des Instituts ICA, vorgeschlagen. Dort wurde er auch Anfang Oktober 1969, am zweiten John-und-Yoko-Filmabend, uraufgeführt.

Die Sage von »Apotheosis« war noch nicht am Ende. Noch immer nicht zufrieden mit der Ballonsequenz, wollte John den ganzen Film noch einmal abdrehen. Diesmal auf dem Dorfplatz von Lavenham, Sussex, dem besterhaltenen Tudordorf Englands. Als wir dort ankamen lag Schnee. Zuerst wurden drei Kameras an verschiedenen Seiten des Platzes aufgestellt. Als der Ballon aufsteigen sollte, war es schon fast dunkel. Ein Feuer wurde angezündet, um das Helium zu erwärmen. Sein Schein beleuchtete John und Yoko, wie sie in ihren schwarzen Capes um den Ballon hockten. Dieser ganze Filmteil kam sehr gut heraus, und wurde in »Apotheosis No. 2« mit aufgeführt.

Allen Klein sprach immer von phantastischen Filmgeschäften, die er für John und Yoko abschließen könnte. Yoko war begeistert; sie hätte gern gesehen, wenn ihre Filme in ganz Amerika gezeigt würden. Und Klein hörte sich so an, als ob es möglich sei. Sie versuchten ihn auch zu überreden, etwas von seiner eigenen

Gesellschaft in ihre Bag Productions zu stecken. Aber Klein drehte sich ständig im Kreis. John bekam langsam Zweifel an Klein, der ihnen außer seiner Versicherung, ihre Filme für teures Geld verkaufen zu können, noch viele andere Dinge versprochen hatte. Klein hatte bei den ersten beiden Projekten (Northern Songs unter Kontrolle zu bekommen und Epsteins frühere Gesellschaft, Nems, von Triumph Investments zurückzukaufen) versagt.

Klein hatte hoch und heilig versprochen, die 1963 gegründete Gesellschaft Northern Songs, die das Textgeschäft für Lennon und McCartney betrieb, zurückzugewinnen. Zwei Wochen, nachdem John und Yoko geheiratet hatten, begann der Kampf um die Northern-Anteile, und plötzlich stürzte jedes Großunternehmen, jede Bank und jeder Makler sich auf die Beatles-Anteile. Als der ganze Run losging, sagte John: »Ich finde es sehr spannend. Es ist wie beim Monopoly«, eine Haltung, die er schnell revidierte.

Klein versuchte, die Übernahme von Northern durch die englische Associated Television (ATV) zu verhindern. Das Spiel war jedoch verloren, als ein Finanzkonsortium seinen 14 %-Anteil an ATV verkaufte. Nun war die Frage, ob die Beatles ihre eigenen Anteile ebenfalls abgeben sollten, oder aber sich am Gewinn beteiligten. Northern hatte die Rechte an über 70 Lennon /McCartney Songs, und John und Paul hielten ungefähr 31 % der Anteile. Sie entschlossen sich schließlich zum Verkauf. Im Oktober wurde dann bekanntgegeben, daß sie für 4,8 Millionen Dollar an ATV verkauft hatten.

Durch die Niederlage mit Northern mußte Klein nun tatsächlich seine Anwesenheit vor John rechtfertigen, der schon unter dem ständigen Druck von Paul stand. Die Presse teilte Johns gute Meinung über Klein nicht und richtete schwere Attacken gegen Klein. Nachdem die Beatles doch bis jetzt ehrliche Geschäftsleute gewesen seien, hätte man sich in Klein einfach vergriffen. Epstein mag wohl ein zäher Verhandlungspartner gewesen sein, seine persönliche Integrität wurde jedoch von niemandem bestritten. »Rolling Stone« meinte, daß es einfach »jeder Vorstellungskraft widersprach, daß John Lennon mit seiner Einstellung zu den Dingen, wie sie sich in seinem Friedenskreuzzug und seiner klaren Aufforderung zur Aufrichtigkeit manifestiert hatte, solch einen Mann für die Beatles genommen haben soll. Und das gerade zu einem Zeitpunkt, als für sie wirklich die Chance bestanden hat, einen neuen Stil für den Umgang mit den Medien und der Unterhaltungsindustrie zu entwickeln. Wir haben uns von den Beatles, und ganz besonders von John, neue Perspektiven, Erneuerungen und Aufrichtigkeit, vor allen Dingen Aufrichtigkeit, versprochen.«

Klein selbst sagte dazu in einem Interview: »Die Beatles waren fast am Ende. Sie hatten nicht einmal mehr Kontrolle über ihre eigenen Stücke, noch nicht einmal über ihre Platten. Ich wollte sie für eine neue Zukunft freimachen und ihnen die Vergangenheit zurückholen. John und Paul sollten entweder ihre Songs zurückhaben, oder sich ganz von der Northern absetzen.«

Klein setzte nun alles daran, sich John gegenüber zu beweisen und versuchte, für die Beatles einen neuen Vertrag mit E.M.I. abzuschließen. Er forderte mehr Geld für neue Aufnahmen. Seine Argumentation war präzise formuliert: »Höhere Tantiemen oder keine Platten mehr.« Das Ergebnis war beeindrukkend. Die neu ausgehandelten Vertragsbedingungen brachten den Beatles 25 % des Großhandelspreises aus amerikanischen Verkäufen ein – ein ungewöhnlich hoher Anteil. Voraussetzung für eine Erhöhung der Tantiemen waren mindestens zwei LPs pro Jahr bis 1976, die von der ganzen Gruppe oder auch von einer einzelnen Person aufgenommen sein konnten. E.M.I.-Manager gaben zu, daß nur »wenige Leute so einen guten Vertrag herausgeholt haben könnten«, und »obwohl sein Verhandlungsstil nicht der beste ist, ist er doch ein sehr guter Geschäftsmann«.

Klein sagte: »Das waren keine einfachen Geschäfte. Die finanzielle Situation der Beatles war einfach unglaublich chaotisch. Ich habe das letzte aus mir herausgeholt, um ihnen das zu geben, was sie verdienten.«

Der Vertragsabschluß war der Wendepunkt in der Beziehung

zwischen Klein und John. Klein war vor allen Beatles, außer vor Paul, rehabilitiert, obwohl auch Paul sich über den E.M.I.-Vertrag freute. Die Probleme von Apple waren damit jedoch noch lange nicht gelöst. Man fragte sich nun, ob man Apple nicht verkaufen sollte. George Harrison bemerkte freimütig: »Eine Eskalation wie in Vietnam. So sehe ich es. Alles hat sich in einem solchen Maße gesteigert, daß wir wirklich nicht mehr hindurchfinden können.«

Es war schon seltsam, daß sich John und Paul sehr oft einigen konnten. Im Gegensatz zu ihren Beratern, Klein und Eastman, die es noch nicht einmal fertigbrachten, zum Vorteil der Beatles überhaupt zusammenzuarbeiten. Ihre Unfähigkeit, sich zu einigen, führte unweigerlich auch zu einer noch größeren Distanz zwischen John und Paul, der verzweifelte Versuche unternahm, gemeinsame Entscheidungen zu treffen.

Paul sagt zum Beispiel zu John: »Wir vier werden uns gegenseitig nicht betrügen. Wir vier haben ein einziges Ziel, es irgendwie zu schaffen, Apple wieder hochzubringen. Dann können wir Klein und Eastman sagen ›wir vier wollen das und das‹. Besser als alles selbst zu organisieren, was wir nun wirklich nicht könnten. Und ich spreche nicht als Eastmans Auftraggeber, und du nicht als der von Klein. . . Ich will nur, daß wir alle vier entscheiden sollen, nur dann können wir gewinnen.«

Und John: »Ja, aber du weißt ja, was beide sagen. Wie beim letzten Mal – Klein sagt: ›Ich kann einfach nicht arbeiten, wenn ich nicht ganz die Kontrolle darüber habe‹. Und Eastman sagt: ›Ich kann einfach nicht arbeiten, wenn ich nicht ganz die Kontrolle darüber habe‹. Und dann sollten wir entscheiden, wem wir beim nächsten Mal die Entscheidung überlassen!«

Paul stand manchmal voll auf Kleins Seite, aber er hatte dabei immer Zweifel, ob Klein wirklich das tun würde, was er sagte. Und schließlich wußte John nie, was eigentlich so vor sich ging. Für ihn war es in der Tat ein Monopoly-Spiel, obwohl er sich anstrengte, alles zu verstehen. Es ist traurig, aber John und Paul kämpften wirklich für die gleiche Sache: Apple zu retten. Am Ende gaben beide auf. Der Traum von Apple war vorüber. Im

Dezember 1970 entschloß sich Paul zur Trennung von den Beatles. Enttäuscht und verzweifelt rief er das Gericht an, um Klein von weiteren Alleingängen abzuhalten und die Geschäfte einem Konkursverwalter zu übertragen. Auch wenn der *Mississippi-Gambler* noch auf Erfolgskurs war, John und Paul hatten abgeschlossen.

DAS ENDE DER BEATLES

> »Die Schwierigkeit ist, daß wir diese Riesenmenge von Stücken haben. . . wie können wir sie nur in den paar Minuten unterbringen. . . Der Nachteil liegt in der Gruppe an sich. Ich kann mein *Revolution No. 9* nicht auf ein Beatles Album bringen, weil das John Lennon ist.« (John Lennon, 1969)

Johns (nicht zuletzt kreative) Unsicherheit führte dazu, daß Paul schließlich zur dominierenden Persönlichkeit der Gruppe wurde und es so zum Konflikt zwischen beiden kam. Nachdem die Zeit ihrer gemeinsamen Auftritte vorüber war, nahm John innerhalb der Gruppe eine passive Rolle ein, die seinem Image in der Öffentlichkeit nicht entsprach. Er hatte sich weg von den Beatles in seine eigene Welt zurückgezogen. Als Yoko dann erschien, wurde er von ihrer Welt angezogen und entfernte sich damit noch weiter von Paul, der die Gruppe zusammenhalten wollte.

Nach Brian Epsteins Tod im Jahre 1967 entschloß sich Paul zur Leitung der Gruppe und zur Entwicklung neuer Ideen. John war durch Brians Tod niedergeschlagen und verunsichert. Das Ende der Beatles schien in Sicht. »Als Brian starb, stürzte alles in uns zusammen«, sagte John in »Lennon Remembers«. »Wir brachen auseinander. Das war der Zerfall. Paul machte den Versuch, so weiterzumachen wie vorher und sagte uns: ›Los, los, Jungs, wir machen eine Platte.‹«

Es war die Platte zum Film *Magical Mystery Tour*, der ihnen zum ersten Mal miserable Kritiken in der Öffentlichkeit einbrachte. Paul hatte seine Idee verwirklicht und auch schon die meisten Stücke dafür geschrieben. John wollte sich beteiligen, eher noch, wie in früheren Zeiten, sich selbst darangeben. Aber er war zu sehr mit sich selbst beschäftigt. Es war ein Teufelskreis.

Paul hatte die Idee, als er im April 1967 aus Amerika zurückflog. Die Klagen häuften sich, daß sie sich zurückzögen, überhaupt keine Live-Konzerte mehr geben würden. So wollten sie wenigstens einen längeren Fernsehfilm drehen.

Im Film sollten die Beatles und ein paar Freunde auf einer Bustour gezeigt werden. Sie sollte »magical« sein, weil sie alles filmen wollten, was ihnen auf dieser Fahrt in den Sinn kam. »Mysterious« in dem Sinne, daß weder die Beatles selbst noch die anderen Fahrgäste die geringste Idee haben sollten, wohin es ging oder was passieren sollte.

Paul schrieb eine kurze Übersicht auf ein Stück Papier und legte es John vor. »Das hier ist der Abriß. Schreib du das Stück dazu.« John war überrascht und dachte: »Was will er? Soll ich ein Drehbuch schreiben?« Aber er setzte sich dann doch an die Arbeit. »Ich schrieb dann die Traumszene für die dicke Frau und die Sache mit den Spaghettis und so.«

Der Film wurde 1967 um die Weihnachtszeit in zwei Teilen gesendet. Die Zuschauer reagierten verärgert. Die Tageszeitungen lehnten ihn als »schreienden Blödsinn« einfach ab. Paul registrierte den Mißerfolg mit Bitterkeit. Er gab sich selbst die Schuld; denn es war ja seine Idee gewesen. John jedoch erinnerte sich gern an den Film. Er sagte zu Paul: »Ich bedaure es nicht. Meiner Ansicht nach war *Magical Mystery* einfach Klasse. Am Ende wird es sich zeigen. Ich finde, es war gute Arbeit. Die Kameraleute haben viel verdorben, aber das ist nicht wichtig, weil du sowieso der Überzeugung bist, daß alles Mist war, da du alles profihaft haben wolltest. Mir hat einfach die Einfachheit und Spontaneität daran gefallen. Die Tatsache, daß wir mit einem Haufen Typen losgefahren sind, um einen Film zu drehen. Das ist einfach Klasse, weißt du!«

Magical Mystery Tour war der Anfang vom Ende. Paul war die ganze Zeit im Studio nur mit seinen Musikstücken beschäftigt, ohne daß John oder die anderen einen fairen Anteil daran gehabt hätten. Paul machte es so, daß er John, erst nachdem er schon acht oder zehn Stücke selbst geschrieben hatte, bat, mit den anderen im Studio zu erscheinen. John hatte dann kaum noch Zeit, mit der Arbeit nachzukommen.

Als sich John im September 1969 endgültig entschloß, sich von den Beatles zu trennen, sagte er Paul offen: »Du hast alles an dich

gerissen mit *Magical Mystery Tour*. Außer *Walrus* habe ich nichts davon geschrieben. Du hattest schon fünf oder sechs neue Stücke geschrieben, als ich gerade anfing. Da dachte ich mir eben ›Scheiß der Hund drauf, da kann ich nicht mithalten‹. Es war mir dann auch egal, weißt du – und ich dachte mir, egal ob ich drauf bin oder nicht, ich sagte mir, es macht nichts, und dabei sollte es auch bleiben –, es sei denn, du wärst persönlich auf mich zugekommen und hättest mich gefragt, ob ich etwas machen wollte. Oder ihr drei wäret gekommen und hättet gesagt: ›Schreib noch was, weil wir mögen, was du schreibst‹. Nur unter diesen Umständen hätte ich noch dafür gekämpft!«
Das Gefühl, kämpfen zu müssen, damit seine Stücke auf Platte oder in ein Album kommen, hatte er schon in den letzten drei Jahren, in denen die Gruppe noch zusammen war. Es war eine ständige Belastungsprobe für John. Die andere Seite des Problems war, daß er alles in sich hineinfraß, was für ihn die Sache nur noch schlimmer machte. Anstatt sich Paul mitzuteilen oder ihm gegenüber seine Rechte zu behaupten, gab er praktisch auf, und überließ Paul kampflos die Führung im Studio.

Aber auch vor dieser Zeit gab es ständig Kämpfe wegen der Singleaufnahmen. Paul wollte sein Stück immer nur auf der A-Seite haben. Diese Streitereien über Plattenstücke und Seiten waren schließlich auch der endgültige Anlaß für John, zu gehen. Wie er Paul sagte: »Wenn du dir die Beatles-Alben einmal genau anguckst, ob gut oder schlecht, egal, was du darüber denkst, wirst du feststellen, daß nur *du*, wenn überhaupt irgend jemand sonst, mehr Zeiten als wir alle beansprucht hast. Aus keinem anderen Grund, als daß du es so gewollt hast. Ich habe keine Lust mehr, weiter mit dir um ein paar freie Plattenstellen zu feilschen. Ich will auch keine Manöver mehr dafür mit dir betreiben. Bloß weil es vor ungefähr drei Jahren mal eine Zeit gegeben hat, wo ich nicht um A-Seiten oder Zeiten gekämpft habe. Ich habe mir eben gedacht, gut, dann kommen *Walrus* und *Strawberry Fields* eben auf die B-Seite, ich bin damit zufrieden, drauf zu sein, und kann dafür aber mit der ganzen Gruppe zusammen diese Stücke produzieren. Ich hatte nicht die Energie und die Lust,

Im Aufnahmestand des EMI-Studios. Paul versucht, alles in den Griff zu bekommen, während die Beatles einem Playback der Live-Aufnahmen von *Let It Be* zuhören.
Johns Kopf fällt auf das Aufnahmepult ...

. . . und Ringo schläft ein.

unbedingt alles durchzubringen. So hab ich mich eben etwas ausgeruht. Niemand sonst hat sich ausgeruht, vor allen Dingen du hast es nicht gemacht, und so bin ich eben ganz allmählich untergegangen.«

Paul, erregt und etwas verblüfft, gab zu, daß er sich in den Vordergrund gespielt hatte. Er erinnerte John aber auch daran, daß es Zeiten gegeben habe, wo er ernsthaft versucht hatte, Johns Stücke miteinzubringen. Er sei aber bestürzt gewesen, daß John überhaupt nicht vorbereitet gewesen sei, und nur ein oder zwei Stücke geschrieben habe.

John gab zu, daß er das Schreiben (und auch das Kämpfen) aufgegeben hätte, und erklärte: »Es hatte keinen Sinn mehr, etwas zu bringen – ich konnte keine Energie mehr aufbringen und hatte auch keine mehr, etwas zu schreiben *und* es auch noch auf Platte zu bekommen.«

Man hätte noch so viel darüber reden können – es war schon zu spät. Johns Entschluß stand fest. Er stellte Paul folgendes Ultimatum: »Wenn wir ins Studio kommen, ist es mir egal, wie wir es machen. Ich möchte nicht gleiche Zeiten haben, ich will nur wissen, ob ich, egal was kommt, vier Stücke aufs Album bringen darf. Ich sage nicht ›wir fangen gleich damit an‹, weil wir dann alle in drei Wochen die Nase voll hätten, oder das Album sowieso schon fertig ist. Ich habe erkannt, wie ich bin, und ich muß damit aufhören, weil es mir nicht guttut. Ich fühle mich hinterher immer ganz elend, und das ist einzig und allein mein Fehler. Deshalb sage ich jetzt, zerbrecht euch meinetwegen nicht mehr den Kopf, keine abgesprochenen Dinge mehr. Ich will nicht, daß man auf diese Art und Weise mit mir umspringt, es muß noch andere Wege geben. Ich sage ›nein‹ zu allem!«

Alles Wortverschwendung, weil die Beatles nie mehr zusammen in ein Aufnahmestudio gingen.

Die Streitereien um freie Stellen auf den Platten standen in engem Zusammenhang mit den musikalischen Differenzen unter den Beatles. John und Paul hatten, bis auf wenige Ausnahmen, nicht mehr zusammengearbeitet, obwohl alle ihre Stücke noch immer unter »Lennon and McCartney« herausgegeben wurden. George Harrison hatte sich verbessert. Seine Stücke waren nun ebenso beliebt wie die von John oder Paul, und es war nicht schwer zu verstehen, daß er genausoviel Zeiten wie die anderen wollte.

Wenn die Beatles ins Studio kamen, um das *White Album* oder *Abbey Road* aufzunehmen, war es nicht so wie in früheren Tagen enger Zusammenarbeit. John, Paul und George hatten jetzt jeder ihre eigenen Stücke. Die Aufnahmen gingen über John mit seiner Begleitgruppe, George mit seiner Begleitgruppe und Paul mit seiner Begleitgruppe. Man konnte jetzt ganz genau unterscheiden, von wem die einzelnen Stücke geschrieben waren, was den Gesamteindruck der Platte zwar nicht beeinträchtigte, aber eine gewisse Unsicherheit hervorrief. Etwas fehlte einfach – der gemeinsame Geist der Gruppe war nicht mehr da.

Johns Musik hatte sich von Paul weg in eine völlig andere Richtung hin entwickelt, sie ging mehr ins Avantgardistische und Experimentale. Paul war auf der anderen Seite völlig in seine Nostalgie-orientierte »sweet« pop-music vertieft. Ich erfuhr, daß John sich für einige Stücke von Paul auf den letzten Beatles-Alben zutiefst schämte, er wollte mit ihnen nicht in Verbindung gebracht werden. Was er überhaupt nicht mochte, war *Maxwell's Silver Hammer* auf *Abbey Road* und *Ob-La-Di, Ob-La-Da*

Die kalten, kellerartigen Twickenham Studios.

auf dem *White Album*. Als er Paul dies sagte, gab Paul zu, daß er sie auch nicht »berauschend« fände, aber die Originaltitel mochte.

Im Herbst 1969 war eine der seltenen Gelegenheiten, wo sich John, Paul und George zusammenfanden, um dieses Problem bei Apple zu besprechen. John sah Paul scharf in die Augen und meinte sarkastisch: »Es ist doch verrückt von uns, ein Stück auf Platte zu bringen, mit dem sogar derjenige, der es schrieb, im Grunde genommen nichts zu tun hat. Und das nur, weil man glaubt, es könne ankommen. Wäre es nicht besser, wenn du deine eigenen Stücke rausbringst, und diejenigen, die wir nicht selbst gemacht haben, wie *Ob-La-Di* und *Maxwell's Silver Hammer*, den Leuten geben, die diese Musik mögen, wie Mary (Hopkins) oder sonst irgend jemandem, der gerade ein Stück braucht? Warum machst du das nicht? Solche Art von Musik können wir höchstens für eine Single nehmen. Für ein Plattenalbum sollten wir nur Stücke nehmen, die wir auch wirklich selbst gemacht haben.«

Der wachsende Erfolg von George als Textdichter ließ in John Schuldgefühle aufkommen. Er und Paul hätten ihm schon eher eine Chance geben sollen. Besonders auf Singles, die für den Textdichter immer ein gutes Geschäft sind.

Er sagte zu Paul: »Wir haben die Singles immer zwischen uns beiden aufgeteilt. Wir haben den gesamten Singlemarkt, sie (George und Ringo) bekommen überhaupt nichts! Wir haben zum Beispiel George nie B-Seiten angeboten. Er hätte von uns viele B-Seiten bekommen können, aber da wir zwei Leute waren, bekam eben einer die A-Seite und einer die B-Seite.«

»Die Sache ist die«, antwortete Paul, ohne daß er George dabei ansah, der nahe dabeisaß, »ich glaube, daß wir bis jetzt (1969) die besseren Stücke gemacht haben. Dieses Jahr allerdings sind Georges Stücke mindestens genausogut wie unsere.«

George korrigierte ihn sofort: »Das ist ein Märchen, weil die meisten Stücke, die ich jetzt bringe, voriges Jahr oder schon vor zwei Jahren von mir geschrieben wurden. Egal, jetzt ist es mir gleichgültig, ob du sie magst oder nicht. Ich mache sie einfach. In den letzten zwei Jahren habe ich mich ziemlich ins Zeug gelegt.

Ich suche keinen Beifall, das ist es nicht. Es geht einfach darum, was da ist, herauszuholen, und damit Platz für Neues zu schaffen. Ich will es einfach nur aus mir rausbringen, und dabei noch etwas Geld machen. Denn ich sehe ja, ich gebe genausoviel wie ihr aus, verdiene aber nicht so viel wie ihr alle.«

Wie die anderen ging George nun eigene musikalische Wege. »Für die meisten meiner Stücke«, sagte er, »haben die Beatles nicht viel getan.«

»Oh! C'mon, George!« rief John, »wir haben eine Menge Arbeit mit hineingesteckt. Das geht sogar bis *Don't Bother Me*. Wir haben 'ne Menge Zeit miteinander verbracht. Ich erinnere mich noch an das, was du gespielt hast. Und in den letzten beiden Jahren bist du dann ins Indische gegangen und hast uns nicht mehr gebraucht!«

»Das war nur ein Stück«, sagte George, »auf dem letzten Album, (*White Album*) wart ihr, glaube ich, auf nur einem Stück mit dabei – mir ist es egal.«

»Ja nun, du hattest Eric (Clapton) oder so etwas in der Richtung«, antwortete John mit einem verletzten Ton in der Stimme.

Es entstand eine lange Pause daraufhin. Alle schienen in Gedanken versunken zu sein. Dann gab Paul sich einen Ruck und sagte langsam, fast flüsternd: »Auch an einem schlechten Tag im Studio spiele ich noch immer Baß, Ringo noch immer Schlagzeug, wir sind eben immer noch da.« Als ob er den Bruch nicht zugeben wollte. . .

Die Antriebskraft und Entschlossenheit in der Gruppe war nicht mehr vorhanden. Sie ergänzten sich nicht mehr, sie standen sich jetzt gegenüber, und natürlich litt ihre Musik darunter. Ja, sie waren noch zusammen, aber kaum noch richtig.

Johns Stimmung spiegelte sich ganz klar in seinen Stücken wider. So zum Beispiel in dem langen und ominösen Stück *I Want You, She's So Heavy* auf *Abbey Road* oder im schmerzlichen *Cold Turkey*, in dem vom Heroinentzug die Rede ist. *Cold Turkey* geht aber noch über den quälerischen Rauschgiftentzug hinaus und zeigt Johns Verzweiflung über das Auseinanderbrechen der

Gruppe und seine daraus resultierende Einsamkeit. Zutiefst verletzt durch die Ablehnung, die Yoko von allen Seiten erfahren mußte, erkennt er mit Bitterkeit, daß auch er frustriert und ausgelaugt ist: *Temperature rising/Fever is high/Can't see no future/Can't see no sky/My feet are so heavy/So is my head/I wish I was a baby/I wish I was dead*.

John kam langsam zu der Erkenntnis, daß er für seine Arbeit an Stücken wie *Cold Turkey* Leute brauchte, die komplett hinter *ihm* stehen mußten. Ein weiterer, zukunftsweisender Schritt in diese Richtung war das Rock-'n'-Roll-Revival in Toronto.

John, mit George im Hintergrund, improvisiert während der *Let It Be* Aufnahmen.

Am Nachmittag des 12. September kam, für John ein Anruf aus Toronto. Er steckte gerade mitten in der Vorbereitung seiner Interviews, und er nahm an, daß es sich wieder einmal um irgendein leeres Ansinnen, wie sie so oft an John und Yoko ins Apple-Büro kamen, handeln würde. Ich nahm das Gespräch an. Es war John Brower, der John und Yoko den Vorschlag machen wollte, zum »biggest ever« Rock-'n'-Roll-Revival-Festival in Toronto zu kommen. Es sollte am darauffolgenden Tag stattfinden, mit Größen wie Little Richard, Chuck Berry und Jerry Lee Lewis. Für John und Yoko und sechs Freunde könnten 1.-Klasse-Rundreise-Tickets besorgt werden. John, der in der Nähe seine Interviews gab, verfolgte nebenbei meine Notizen. Dann hielt er mitten im Interview an und wollte den Anrufer selbst sprechen. Kaum hatte er sich gemeldet, sagte er auch schon zu – unter der Bedingung, daß er und seine Band (die zu dem Zeitpunkt noch gar nicht existierte) live auftreten dürften. Brower war fassungslos. Niemals hätte er es gewagt, an eine solche Möglichkeit überhaupt auch nur zu denken; denn schließlich hatte keiner der Beatles seit ihrem letzten Konzert in San Francisco im August 1966 mehr live vor Publikum gespielt. Hastig versicherte er John, daß die notwendigen Einreisedokumente und Visa sofort erledigt werden würden. John war etwas skeptisch, weil er damit schon schlechte Erfahrungen gemacht hatte. Offensichtlich schien Brower aber einen guten Draht zur Regierung zu haben.

Brower wollte später noch einmal anrufen, um Einzelheiten der Einreise klarzumachen. Bis dahin war im Apple-Büro alles in Bewegung. John verschob die noch verbleibenden Interviews auf einen späteren Termin und machte sich an die Aufstellung der Plastic Ono Band, die ihn am nächsten Abend auf einer 3000 Meilen entfernten Bühne begleiten sollte. Er rief mir zu: »Bring mir Eric (Clapton) ans Telefon, und versuch dann Klaus (Voormann) aufzutreiben. Er kann den Baß spielen. Und sag mal, er soll die Organisation übernehmen!« Als Schlagzeuger wollte er Alan White, einen jungen Konzertschlagzeuger, der kurz zuvor bei Apple gespielt hatte.

Alles mußte unheimlich schnell gehen; am nächsten Tag um

10 Uhr sollte alles auf dem Flughafen sein. Das erste Problem war, daß man Eric Clapton nicht auftreiben konnte, obwohl seine Agentur hoch und heilig versicherte, er sei in seinem Landhaus in den Berkshire Downs. Ich schickte ihm ein Telegramm und hoffte auf seinen Anruf.

Die nächste Frage war, was diese so schnell zusammengestellte Band an Stücken bringen sollte. John war das nicht allzu wichtig. Mit dem Gedanken, während der sechs Stunden im Flugzeug noch üben zu können, entwarf er nur eine kleine Liste mit seinen Stücken. Am meisten Sorge machte es ihm, den Text zu behalten, sogar seine eigenen Texte. Er bat mich daher, das erst kürzlich geschriebene *Cold Turkey*, die beiden Oldies *Money* und *Blue Suede Shoes*, sowie *Give Peace A Chance* in Großbuchstaben auf Bag-Production-Briefpapier zu schreiben.

Daß das alles wirklich wahr sein mußte, merkte ich erst richtig, als acht Flugtickets im Apple-Büro ankamen und Brower aus Toronto zurückrief, um die Einreisevisa zu bestätigen. Am folgenden Morgen, nachdem die gesamte Ausrüstung in wirrer Hast zusammengetragen wurde, erschienen alle auf dem Flughafen, außer Eric und den beiden Lennons. Wir hatten noch eine Stunde bis zum Abflug. Ich rief bei ihnen zu Hause in Tittenhurst Park an. Val, der Koch, kam ans Telefon und brachte uns die Neuigkeit, daß John und Yoko noch schliefen und nicht gestört werden wollten. Trotz all der Vorbereitungen sah ich nun doch unsere Chancen, John noch einmal auf der Bühne zu erleben, in weite Ferne gerückt. Nachdem ich lange genug auf Val eingeredet hatte, ging er schließlich nach oben und klopfte an ihre Tür. Ein paar Augenblicke später war John am Apparat und bestätigte meine Befürchtung: »Wir sind zu spät wach geworden und überhaupt, Yoko fühlt sich nicht gut«, sagte er. »Schick ihnen ein Telegramm und sag ab – und schick ihnen einen großen Strauß weiße Blumen, mit ›love and peace, John and Yoko‹.«

Da ich ihre Launen kannte, entschloß ich mich, weder Telegramm noch Blumen zu schicken und sagte statt dessen den anderen, sie möchten noch warten. Ich fuhr schnell nach Tittenhurst rüber in der Hoffnung, sie mit ein paar ermutigenden Worten umstimmen zu können. Als ich ankam, waren sie gerade mit dem Frühstück fertig. Sie schienen beide gelöst und gut gelaunt. John war jetzt gar nicht mehr so abgeneigt. Als ich ihm sagte, daß man ja auch ein späteres Flugzeug nehmen könnte, schien er fast überzeugt. Dann kam der ausschlaggebende Punkt. Gerade in diesem Augenblick wollte es der Zufall, daß Eric Clapton anrief, um John zu sagen, daß alles in Ordnung sei, er würde sich schon riesig darauf freuen.

Jetzt war alles wieder vergessen. John sprang in Windeseile aus dem Bett, um sich seinen »Bühnenanzug« auszusuchen. Ich war erleichtert, und rief sofort am Flughafen an, um den anderen die Neuigkeit zu erzählen, und setzte alle Hebel in Bewegung, den Air-Canada-Flug Nr. 124 nach Toronto auf die Plastic Ono Band zu bestätigen. Alles andere ging dann schnell. Drei Stunden später waren John und Yoko mit Eric und der restlichen Band hoch über den Wolken.

Im Flugzeug machte John einen nicht sehr überzeugenden Versuch, mit Eric und Klaus ein paar Stücke durchzugehen. Er spielte ihnen einige Akkorde auf einer alten akustischen Gitarre, doch mit seinen Gedanken war er ganz woanders.

Am meisten bedrückte ihn seine Entscheidung, die Beatles verlassen zu haben. Er sprach mit Eric und Klaus darüber und kam sogar auf den Gedanken, daß sich die Beatles seiner »neuen« Gruppe anschließen könnten.

Ein paar Stunden weiter über den Atlantik ging die Neuigkeit über Johns baldige Ankunft und seine Absicht, ein Live-Konzert zu geben, wie ein Lauffeuer durch den Äther. In Toronto wälzten sich schon lange Autoschlangen durch die Stadt, um dem historischen Ereignis beizuwohnen. Das ganze Land schien auf den Beinen. Der Autotunnel nach Windsor war durch den anwachsenden Strom amerikanischer Fans total blockiert.

Als das Flugzeug zur Landung ansetzte, wurden sie schon von vielen hundert Fans am Flughafen erwartet. Nachdem sie die Zollkontrolle passiert hatten, rannten alle wieder dem Ausgang zu, wo die schwarze Limousine wartete. Im Varsity-Stadion war die Hölle los. Als wir durch den Künstlereingang fuhren, sprangen einige Jugendliche auf den Wagen zu, hämmerten gegen die Scheiben und setzten sich auf die Motorhaube. Schließlich machten Sicherheitsbeamte den Weg frei, und wir wurden in einen verbarrikadierten Raum geführt, der als Künstlergarderobe dienen sollte. Die Atmosphäre war geladen. Es war schon fast dunkel draußen, und die Menge grölte vor Begeisterung, als Kim Fowley ankündigte, daß John und Yoko und die Plastic Ono Band sicher angekommen seien.

John hatte das ungute Gefühl, daß die uns umringenden Reporter und Neugierigen irgendwann über uns hereinbrechen würden. Er bat um einen Privatraum und einen kleinen tragbaren Verstärker für die Probe. Der Raum war winzig, feucht und fast schon ekelerregend schmutzig. Bei John zeigten sich schon die ersten Anzeichen von Nervosität, weil er wieder auf der Bühne stehen sollte. Während Eric seine Gitarre anschloß und sich in eine Ecke fallen ließ, zog sich John in den Ruheraum zurück, wo er die Arme in die Luft warf und sagte, daß sein Magendrücken unerträglich geworden sei. Auf der Bühne aber legte er sofort mit *Blue Suede Shoes* los, und mit der tobenden Menge machte sich die faszinierende Lennonsche Ausstrahlungskraft wieder breit. John war nervös, aber man konnte es ihm nicht ansehen. Sein langes Haar fiel bis auf den weißen Anzug. Er lief über die Bühne und führte die Gruppe mit *Money* und *Dizzy Miss Lizzy* zu Höchstleistungen. Er sang sich durch *Yer Blues* und *Cold Turkey*, und die Menge ging immer mehr mit. Als dann die Band *Give Peace A Chance* anstimmte, konnte John nur noch die Hälfte des Textes wiedergeben, der Rest war verschwommenes Stückwerk. Doch die Menge tobte. Tausende hatten sich von ihren Plätzen erhoben und bewegten sich singend mit ihm. Das Publikum entzündete zum Schluß Tausende von Streichhölzern, die das ganze Stadion erleuchteten.

Nach dem Konzert wurden wir eilig in einem Konvoi von Limousinen zu Thor Eatons Landsitz gebracht. Er war ein Freund der Organisatoren. Wir verbrachten dort das restliche Wochenende und entspannten uns zwischen Seen und Bergen.

Noch nach seiner Rückkehr nach London sprach John begeistert vom Festival. Über seinen und Yokos Auftritt sprach er mit Rockschreiber Ritchie Yorke im »Rolling Stone«: »Wir haben all die alten Sachen aus der Cavern-Zeit in Liverpool gebracht. Gene Vincent stand auf der Bühne und weinte, als wir loslegten. Nach der Aufführung kam er zu mir und flüsterte: ›John, erinnerst du dich noch an Hamburg? Erinnerst du dich noch an die ganze Sache?‹

Das Lächerliche war, daß ich überhaupt keine Texte mehr konnte. Bei *Money* und *Dizzy* habe ich einfach drauflosgesungen, was so gerade kam. Die Band hinter mir spielte wie der Teufel. Yoko ist mit uns auf die Bühne gegangen, doch sie wollte nicht eher anfangen, bis wir unsere fünf Stücke gebracht hatten. Dann, nach *Money* war eine kurze Pause. Ich drehte mich zu Eric um und fragte, ›was jetzt?‹. Er zuckte nur mit der Schulter und ich brüllte ihm zu *C'mon!* und habe dann sofort etwas anderes angefangen. Wir entschieden uns für *Yer Blues*, weil wir das schon zusammen gespielt hatten. Wir hatten sehr viel Spaß dabei. In der Zwischenzeit sprang Yoko von der Bühne, um sich ein paar Texte aus ihrem weißen Sack zu holen. Wir sangen dann *Give Peace A Chance*, und es war einfach unglaublich. Ich mußte mir die Worte zusammensuchen. Ich hatte nicht mehr die geringste Ahnung. Danach wanderten wir einfach hinter die Bühne ab, und weg waren wir.

Yokos erstes Stück hatte noch eine Spur von Rhythmus, aber das zweite war vollkommen verrückt. Es war so etwas wie aus ihrer Zeit in Cambridge, 1969, aber eher noch wie Toronto 1974. . . Als sie genug hatte, hörte sie einfach auf, ging weg, und wie ließen alle Verstärker an. Wir gingen wie auf Eiern. Meine Güte! Ich habe noch fünf Minuten irgendwas gespielt, dann kam Mal Evans und drehte alles aus.«

Februar 1970: John und Yoko posieren mit frisch geschnittenem Haar vor ihrem verunglückten Austin Maxi, den sie auf einem Betonpodest auf dem Tittenhurst-Park-Grundstück aufgebaut haben. Der Wagen war von einer schmalen Landstraße abgekommen und in einen Graben gefahren. John saß am Steuer.

Der Erfolg gab John das Vertrauen, mit anderen Musikern zu spielen, die nicht nur seine Musik, sondern auch seine Ideen und Energie unterstützten. Das brachte ihn in immer weitere Entfernung zu den Beatles und ganz besonders zu Paul. John hatte sich nun entschlossen, Paul und jedem anderen zu sagen, daß es mit den Beatles zu Ende sei. Er konnte es nicht mehr länger für sich behalten.

Aber es war keine leichte Entscheidung. John war niedergeschlagen. In seinem Innersten machte ihn die Vorstellung, die Gruppe zu verlassen, ganz krank, aber er hatte keine andere Wahl. Er wußte, daß es weh tun würde, einen Teil von sich selbst weggeben zu müssen. Ich beobachtete tagelang, wie es ihn belastete. Er war reizbar, rauchte eine Zigarette nach der anderen, verdrückte sich immer wieder in sein Schlafzimmer, um drüber wegzuschlafen oder sich vom Fernseher ablenken zu lassen.

Allen Klein, der ihm außer Yoko wahrscheinlich näherstand als irgend jemand anderer, war über seinen Entschluß, die Beatles zu verlassen, entsetzt, und versuchte ihn zu überzeugen, daß es nicht die richtige Zeit sei, damit an die Öffentlichkeit zu gehen. Er sagte, es würde verheerende Folgen für die noch auf schwachen Füßen stehende finanzielle Sanierung der Beatles haben, und würde zusätzlich noch Johns eigene Zukunft aufs Spiel setzen. John kam gegen Kleins Überzeugungskraft nicht an. Er gab nach und versprach, niemandem etwas zu sagen, noch nicht einmal Paul.

Der angestaute Druck war jedoch zu groß. Anfang Oktober 1969 kam es im Apple-Büro während einer Geschäftsbesprechung zu einer Konfrontation mit Paul. Ich selbst war nicht dabei, weil ich zwei Stockwerke tiefer in Johns Büro zu tun hatte. Als John rot vor Wut in mein Zimmer geplatzt kam, wurde mir sofort klar, was passiert sein mußte. »*That's it-it's all over*!« brüllte er und ließ sich in den Ledersessel fallen. Es war nicht leicht, sofort alle Einzelheiten von ihm darüber zu erfahren. Offensichtlich hatten sich die Dinge zugespitzt, als Paul unbedingt darauf bestand, daß die Beatles eine Fernsehshow veranstalten und sich wieder mal in der Öffentlichkeit zeigen sollten. John hatte das klar abgelehnt, aber Paul fing immer wieder davon an und ließ nicht mehr locker, bis John dann schließlich explodierte. In seiner Verzweiflung sagte er Paul, daß alles vorbei sei. Er würde gehen und sich von den Beatles »scheiden« lassen. Paul traute seinen Ohren nicht und war völlig fertig, hörte aber mit Erleichterung, daß John nichts dagegen hatte, daß alles unter ihnen bleiben sollte und kein öffentlicher Skandal in Frage käme. Es war ein kritischer Augenblick.

Der seltsame Verlauf der folgenden Monate brachte Johns Trauma der Entzweiung der Beatles wieder voll zu Bewußtsein. Im Januar 1970, als er in einsamer Abgeschiedenheit im dänischen Farmhaus der Cox' lebte, sah es so aus, als ob alles zu Ende sei. John hatte sich in einem Augenblick der Verzweiflung sein langes Beatle-Haar zum Bürstenschnitt geschoren. Als ich ihn am nächsten Tag sah, war ich sprachlos vor Schreck. Seine ganze Persönlichkeit schien sich damit verändert zu haben. Nicht nur sein Haar hatte er abgeschnitten, sondern auch sämtliche Bindungen an die Vergangenheit. Als ich durch die schneebedeckten Felder um Aalborg zurückfuhr, wußte ich, daß für John eine Lebensphase zu Ende gegangen war.

Aber es war noch nicht alles erledigt. Bei John gab es so etwas nicht. Ich hatte das seltsame Gefühl, daß er leiden wollte, den Schmerz so lange wie nur möglich ertragen wollte. Seitdem er vom Bruch der Beatles gesprochen hatte und mit Ideen über die Bildung einer neuen Gruppe mit den Beatles auf dem Flug nach Toronto um sich geworfen hatte, ließ er einfach alles auf sich zukommen. Er selbst hätte die Sache nicht wieder zur Sprache gebracht oder auf eine Klärung gedrängt. Vielleicht wollte er nur Zeit gewinnen, alles noch einmal neu überlegen, sich fragen, ob die Sache mit den Beatles nicht doch noch klappen könnte. Obwohl er doch im Grunde seines Herzens genau fühlte, daß es nicht mehr funktionieren konnte, daß es einfach vorbei war.

Sechs Monate waren seit der Kontroverse mit Paul vergangen. Sie hatten monatelang nicht mehr zusammen gesprochen, als im April 1970 Paul wie aus heiterem Himmel bei John anrief, um ihm zu sagen: »Ich mache jetzt das gleiche wie du und Yoko. Ich gebe ein Album heraus und verlasse *auch* die Gruppe!« Das war's. Typisch Paul McCartney, kurz und knapp. Er sprach in einem Satz und in einem Atemzug das aus, was John schon ein ganzes Jahr lang sagen wollte. Für ein und allemal Schluß mit den Beatles machen. Den Mythos brechen. John nahm es anfänglich mit Ruhe zur Kenntnis: »Ich sagte ›gut‹, du weißt ja, daß es mir etwas komisch vorkam, daß *er* es diesmal war, der es sagte, und ich sagte ›gut‹, weil er derjenige war, der die Beatles am meisten wollte.« Als er aber am nächsten Morgen die Schlagzeilen der Tageszeitungen sah und las, daß Paul die Beatles verlassen habe, um seine eigene Platte herausbringen zu können, berührte es ihn bitter.

Paul brachte die Angelegenheit groß heraus, und tat damit genau das Gegenteil von dem, was er noch vor 6 Monaten mit John abgesprochen hatte.

John war völlig durcheinander. Er hatte sich den Bruch so sehr herbeigewünscht, und jetzt, als es nun endgültig soweit war, fühlte er sich davon betroffen. Es geschah nun wieder das, was ich schon als eine seiner typischen Verhaltensweisen erkannt und immer wieder beobachtet hatte. Er zog sich in die Isolation zurück. Wie damals, als er und Yoko von Freunden und der Presse mißachtet wurden; die Fehlschläge; der Drogenkrach; die Anstrengungen um den Frieden – die Liste scheint endlos. Johns persönliche Krise erreichte damit einen Punkt, die erst durch die Primärtherapie gelöst werden konnte.

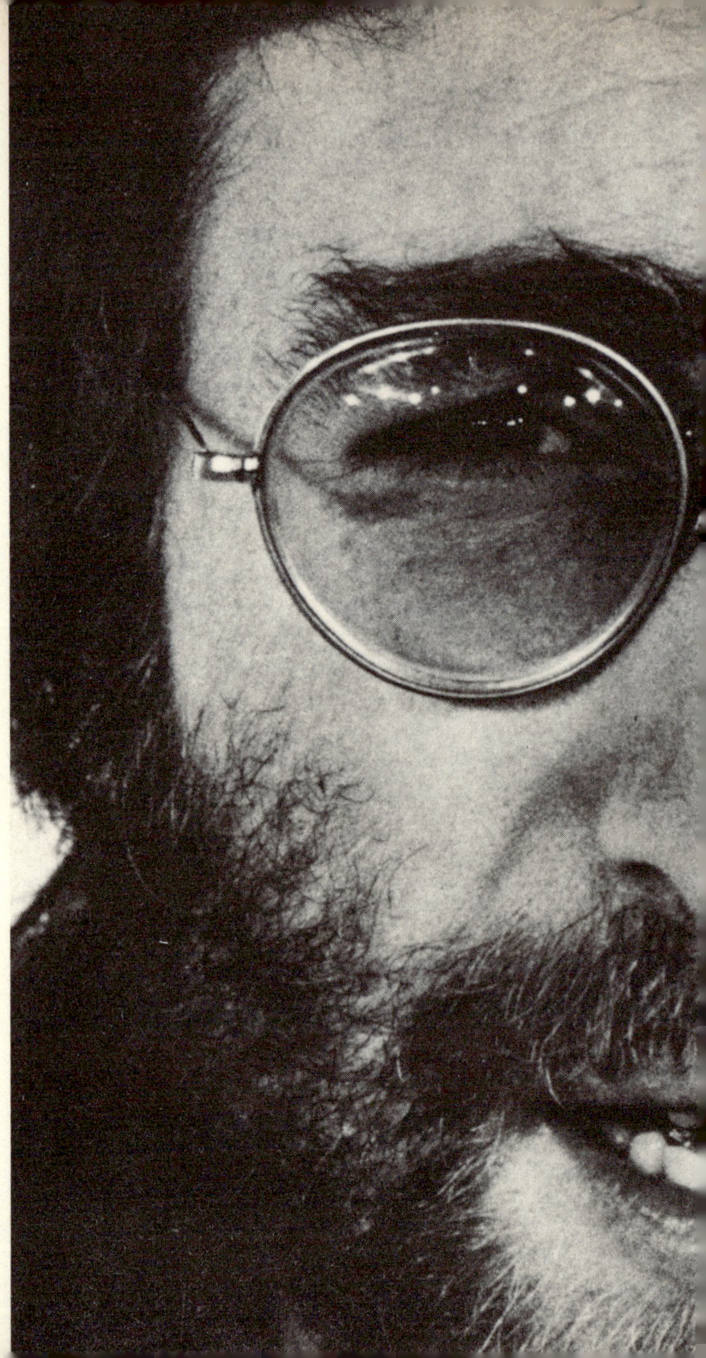

DER TRAUM IST AUS

John Lennons Sensibilität machte ihn verwundbarer als andere. Anfang 1970 wurden noch zusätzlich zu seiner Verzweiflung über den Bruch der Beatles, die Spannungen in seiner Beziehung zu Yoko immer größer, die von Tag zu Tag immer destruktiver geworden war. Er verlor sich in Passivität und Apathie. Wie eine der von Anais Nin beschriebenen Figuren hatte er einen Punkt erreicht, wo sein Leben »herunterhing wie ein zerschlissenes Stück Stoff und die Straßen der Träume in die Dunkelheit abglitten«.

Es war eine unglückliche Zeit in Tittenhurst Park. In ihrem Unglück suchten beide Zuflucht in ihrer Liebe. Sie merkten aber nicht, daß sie sich gegenseitig nicht mehr ergänzten wie früher.

»Wir waren 24 Stunden lang immer nur zusammen«, sagte John, »so war unsere Liebe, und um sie zu schützen – fingen wir an, uns gegenseitig zu ersticken . . . Wir liefen Gefahr, irgendwie wie Zelda und Scott (Fitzgerald) zu werden . . . Wir waren glücklich, wir waren uns nahe, doch wir wären eben – wir sind beide sehr sanfte Menschen. In ein paar Jahren wäre es aus gewesen. Wir hätten mit uns selbst nicht mehr Schritt halten können.«

Das Zusammenleben mit ihnen wurde von Tag zu Tag anstrengender. Außer dem Koch war ich der einzige, der um sie herum war, und die Verschlechterung ihrer Beziehung konnte mir nicht mehr verborgen bleiben. Wenn sie depressiver Stimmung waren, löste das kleinste Problem schon Überreaktionen in ihnen aus. Ich fand mich oft mittendrin in ihren erhitzten emotionalen Ausbrüchen und war hinterher hilflos und traurig.

Während John und Yoko in der Abgeschlossenheit ihres Schlafzimmers verblieben, herrschte im übrigen Haus fieberhafte Aktivität. Das Haus wurde renoviert, und die geschäftigen Bauleute mußten oft tagelang ihre Arbeit unterbrechen, weil sie von John und Yoko für irgendeine Sache erst die Erlaubnis haben mußten, bevor es weitergehen konnte. Als es im Haus zu laut wurde und die Küche renoviert werden sollte, zogen John und Yoko in eine Luxushotelsuite in Mayfair.

John lenkte sich durch Fernsehen von seinen Problemen ab. Es schien so, als ob er sich selbst egal war, solange nur ein Farbfernseher am Bett stand. Er wollte keine bestimmten Sendungen sehen und wechselte von einem Kanal auf den anderen, da er sich nur mit Mühe konzentrieren konnte. Am liebsten hätte er die Werbespots, sagte er oft. Manchmal griff er irgendwelche Sätze oder abstrakte Ideen vom Fernsehen auf und baute sie ein in seine Liedertexte.

Doch sogar in den schlimmsten Zeiten der Depressionen und Auseinandersetzungen blieb Johns manchmal rührende Liebe zu Yoko bestehen. Yokos Geburtstag kam, als sie sich gerade im Park-Hotel aufhielten, und John wollte sie überraschen. Sie erwachte mit einem wundervollen Strauß roter Rosen, und jede Stunde wurden es mehr, einen ganzen Tag lang. Am Abend konnte man sich vor lauter Rosen kaum noch durchs Zimmer bewegen, ihr Duft war überwältigend. Yoko war entzückt.

Wieder zurück in Tittenhurst, gingen sie vollkommen in die Isolation. Für mich war diese Haltung auch eine Reaktion auf die Ereignisse des vergangenen Jahres, den ständigen Dialog mit den Medien, die Friedensbemühungen, das Herumreisen. Und was John zu der Zeit noch gar nicht bewußt war, er brauchte jemanden außer Yoko, zu dem er sich hinwenden konnte, um ein Ventil zu haben. Mir war ganz klar, daß ihre Beziehung so nicht weitergehen konnte.

Aber eines Morgens war ein Buch in der Post, durch das eine Kette sich überstürzender Ereignisse ausgelöst wurde und das ihr Leben radikal veränderte. Das Buch hieß *Der Urschrei* (*Primärtherapie: Die Heilung der Neurose*) von Arthur Janov, einem amerikanischen Psychologen, der einen neuen Ansatz im psychologischen Denken gefunden zu haben glaubte.

»Das Buch von diesem Mann kam mit der Post«, sagte John, »als ich es gelesen hatte, war es für mich wie das Ei des Kolumbus. ›Das muß es sein!‹ sagte ich. Ich habe ja so viel falsch gemacht, mit den Drogen und dem Maharishi. . . deshalb habe ich es auch Yoko lesen lassen. Sie war ganz meiner Meinung, und so griffen wir zum Telefon . . .«

Janov behauptet in seinem Buch, *die* Therapie gegen Neurose gefunden zu haben. Im *Der Urschrei* erklärt er, wie Neurotiker wieder zu »richtigen« menschlichen Wesen werden können. Für Janov ist die Neurose eine Verdrängungshaltung. Die Primärtherapie soll den Patienten von seinen Verdrängungen befreien.

Janov behauptet, daß Verdrängungen (Neurosen) schon beim Kind durch unbefriedigte Bedürfnisse, besonders dem Bedürfnis nach Liebe, hervorgerufen werden. Das Kind kämpft verzweifelt um die Liebe der Eltern, die es nicht bekommen kann. Am Ende weichen diese unbefriedigten Bedürfnisse dem Bedürfnis der Selbsterhaltung und werden aus dem Bewußtsein verdrängt. Das Kind hört auf, weiterhin Schmerz zu empfinden. Die Folge aber sind Anspannung und Neurose, die wahren Bedürfnisse werden durch symbolische Bedürfnisse befriedigt. Solange diese unbefriedigten Bedürfnisse unterdrückt werden, bleibt das Verhalten unecht und neurotisch. Nur indem der Patient diesen Urschmerz wieder durcherlebt, kann er seine wahren Bedürfnisse erkennen und die neue Persönlichkeit entwikkeln.

Nachdem er sich einige Male mit John und Yoko per Telefon unterhalten hatte, erklärte sich Janov einverstanden, nach London zu kommen, und die Therapie zu beginnen.

Alles kam zum Stillstand, alle laufenden Verpflichtungen wurden abgesagt. Die Anweisungen, die Janov John und Yoko zur Vorbereitung der Therapie geben mußte, waren schwierig durchzuführen, aber ein wesentlicher Bestandteil der Therapie. Er bat sie, sich 24 Stunden vor der ersten Sitzung zu trennen, und sich ganz allein in einem Raum aufzuhalten. Weder Radio noch Telefon waren gestattet. Nur Papier und Bleistift durften sie mitnehmen. Yoko blieb die Zeit über im Schlafzimmer, und John ging hinüber auf die andere Seite des Hauses ins halbfertige Studio. Zum ersten Mal seit zwei Jahren waren sie voneinander getrennt.

Janov überraschte mich durch sein warmherziges Wesen und seine jugendliche Erscheinung. Er hatte mehr von einem Hollywoodstar als von einem Psychiater. Instinktiv fühlte ich, daß John und Yoko gut mit ihm zurechtkommen würden. Der erste Teil der Therapie dauerte drei Wochen. Janov hatte jeden Tag eine Sitzung mit John und eine mit Yoko. Nach einer Woche wurde entschieden, nach London zu gehen. John nahm eine Suite im Park-Hotel. Ich begleitete Yoko, die nervös und empfindlich war, zum Londonderry-Hotel, ein paar Häuser weiter.

Janov schreibt: »Die ersten Tage der Therapie gleichen den ersten Lebensjahren vor dem entscheidenden Erlebnis. Der Patient durchläuft nach und nach wieder die einzelnen Stationen seiner Erlebnisse. Wenn sich diese wieder zu einem sinnvollen Gesamtbild zusammengefügt haben, erfährt er seinen ursprünglichen Erlebniszustand.«

Bei John haben sich die Schichten negativer Erfahrungen ab seinem fünften Lebensjahr, als er sich gezwungen sah, zwischen Vater und Mutter zu entscheiden, aufgebaut. Er wählte seinen Vater, lief aber in letzter Minute wieder zu seiner Mutter, nur um schließlich doch von seiner Tante Mimi aufgezogen zu werden. Als der Teenager John seine Mutter dann endlich kennen- und liebenlernte, wurde sie auf der Straße direkt vor dem Haus von einem Auto angefahren und getötet.

Der Tod seiner Mutter war für ihn ein traumatisches Erlebnis, das aber erst in der Therapie zum Ausbruch kam. Bis dahin war der Schmerz in ihm verschlossen, er hatte ihn verdrängt, von sich abgespalten und die daraus resultierenden unbefriedigten Bedürfnisse z. B. in seine Musik gelenkt.

In dem Maße, in dem er die Ursprünge seines Spannungszustandes sich immer mehr zu Bewußtsein bringen konnte, ließ auch die Spannung in ihm immer mehr nach. 29 Jahre lang hatte er seine Ängste und Schmerzen in sich vergraben. Jetzt brachen sie in ihm auf, er konnte sie wieder empfinden. Er begann wieder, Stücke zu schreiben, die davon Zeugnis ablegen. In *Mother* schrieb er: *Mother, you had me but I never had you,/I wanted you, but you didn't want me. . ./Father, you left me but I never left you,/I needed you but you didn't need me*. Und in *Isolation*: *Just a boy and a little girl,/Trying to change the whole wide world/Isolation. . ./We're afraid*

of everyone/Afraid of the sun/Isolation.

Als die drei Wochen vorüber waren, erklärte Janov John und Yoko, daß sie nun, um die Therapie weiter fortführen zu können, ins Institut für Primärtherapie nach Kalifornien kommen müßten. Um eine Wirkung zu erzielen, müsse man mit vier bis sechs Monaten rechnen. Ein wichtiger Bestandteil der Primärtherapie war die Arbeit mit der Gruppe. Zweimal in der Woche trafen sich dort schon therapierte Gruppenmitglieder, um den »Neuen« weiterzuhelfen.

John und Yoko stimmten einer Weiterführung der Therapie in Kalifornien sofort zu; denn das war nur der Anfang, und sie waren erstaunt über das, was mit ihnen geschehen war.

Sie verriegelten Ascot Mansion, Tittenhurst Park, schlossen das Apple-Büro und begaben sich in das Institut nach Los Angeles. Sie blieben dort vier Monate, machten Gruppentherapie oder zogen sich in ihr gemietetes Haus nach Bel Air zurück, sahen vom Bett aus fern oder überfielen die Eisdielen am Ort. Janov hatte gesagt: »Machen Sie sich von allen Zwängen frei – tun Sie, wonach Ihnen der Sinn steht.« Die Therapie war nicht einfach, aber erfolgreich. Ihre Abwehrreaktionen wurden allmählich abgebaut, die Ängste aus ihnen vertrieben.

»Auf einen kurzen Nenner gebracht«, sagte John, »werden durch die Primärtherapie ständig Gefühle frei, und das geht normalerweise nicht ohne Tränen. Das ist alles. Vorher war das nicht so – ich habe alle Gefühle in mir abgeblockt.« (Aus ›Lennon Remembers‹)

Doch John kam nicht »geheilt« zurück. Nach der Therapie war er unglücklicher als vorher, aber er konnte jetzt seine Schmerzgefühle kanalisieren und mit ihnen arbeiten. Die Wirkung ließ nicht lange auf sich warten. Er schrieb jetzt ungemein aufrichtige und harte Stücke, die zu einer wichtigen musikalischen Aussage werden sollten. In seinem ersten Solo-Album *John Lennon/Plastic Ono Band* faßte er all die Jahre aufgestauter Gefühle und unterdrückter Bedürfnisse in einem intimen Bekenntnis zusammen und zeigte die Schwierigkeiten auf, die es ihn kostete, sie aus ihrem Lügendasein zu befreien. Sofort nach der Therapie machte er sich an die Plattenaufnahme. Seine innersten Gefühlsströme sind dort auf brillante Art und Weise in Text und Musik übergegangen. Bitterkeit, Haß, Einsichten aus der Vergangenheit – die Texte sind so stark in ihrer Mitteilungskraft, wie ich sie nur noch in der Malerei finden konnte, in van Goghs von Leidenschaften geführtem Pinselstrich oder im fanatischen Expressionismus eines Jackson Pollock. John malte mit jedem Wort, mit jeder Note, die er dem Schmerz abringen konnte.

In *Working Class Hero* leidet er darunter, ein Held der Arbeiterklasse zu sein: *When they've tortured and scared you for twenty odd years/Then they expect you to pick a career/When you can't really function you're so full of fear*... Produziert wurde die Platte in Zusammenarbeit mit Phil Spector, ohne jedoch die geringste Spur seines vollen Sounds mitbekommen zu haben. Sie lebt von ständigen Ausgleichsbemühungen zwischen Johns aggressivem Vortrag und dem urwüchsigen Gitarrenspiel.

Für John war diese Platte, die im Oktober 1970 herausgegeben wurde, ein Höhepunkt, eine Art »Sergeant Lennon«. Er sagte damals dazu in »Lennon Remembers«: »Ich weiß noch nicht, an welcher Stelle sie im Rock 'n' Roll und bei der Jugend einmal stehen wird... Ich weiß nicht, ob sie nur an Minderheiten gelangen wird... das wäre schon möglich; denn sie ist auf der einen Seite so schrecklich unkommerziell, so elend und schwerfällig, aber durch die darin enthaltene Realität werde ich um keinen Preis davon abgehen.«

John und Yoko waren wieder glücklich. Sie waren der Ansicht, daß ihnen die Therapie wieder zu mehr Freundschaft und Verständnis füreinander verholfen hatte. Sie fühlten sich fast wie neugeboren. John hatte alle Illusionen in sich zerstört. In *God* zählt er all das auf, woran er nicht glaubt und endet: *I don't believe in Beatles/I just believe in me/Yoko and me/And that's reality*.

In der Überwindung seiner inneren Traumata und in seinem Streben nach einer anderen Bewußtseinsebene hat John Kraft und Ausdauer gezeigt. Seine Botschaft hätte nicht klarer ausgedrückt werden können als: ... *I was the walrus/But now I'm John/And so dear friends/You just have to carry on/The dream is over*.

John als »Working Class Hero«.

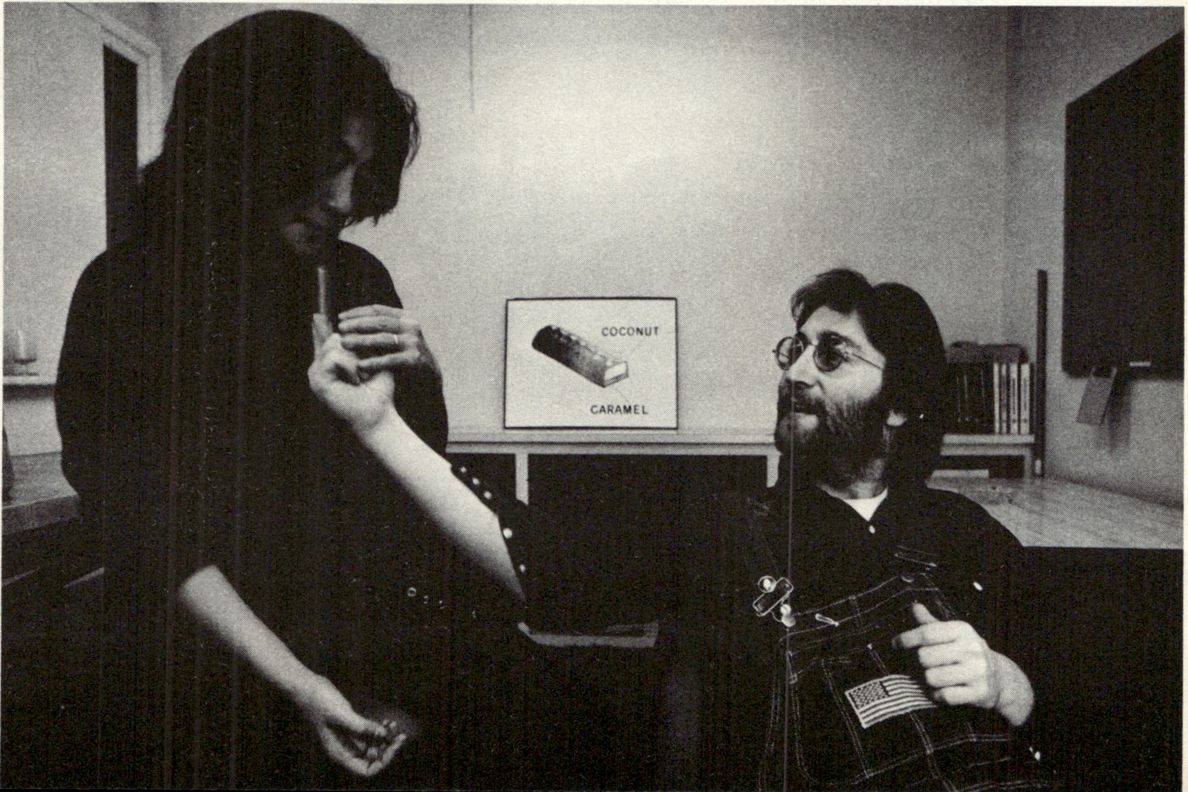
COCONUT
CARAMEL

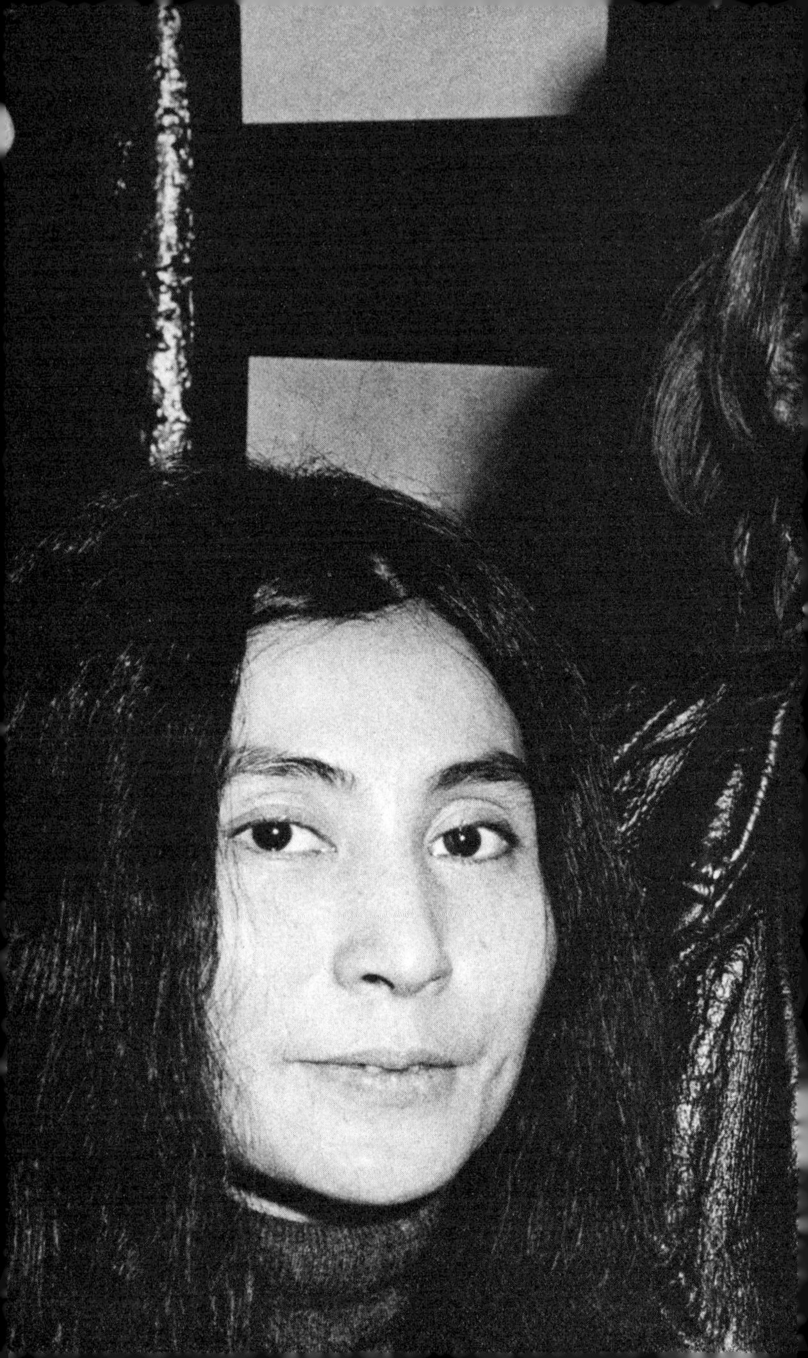

INDICT ROCKEFELLER FOR MURDER
U ARE

MEAT CITY – NEW YORK

> Ich lebe gern in einem Land freier Menschen. Dem Joe Doe auf der Straße ist es auch egal, ob jetzt ein alter Beatle hier wohnt. Ich will hier leben, weil hier die Musik herkam, die mein ganzes Leben beeinflußt hat, und mich zu dem gemacht hat, was ich bin. Ich liebe die Stadt und will hier bleiben. Ich habe hier viele Freunde und möchte einfach dabeisein! Sei willkommen, Freiheitsstatue, ich habe sogar mein eigenes Geld mitgebracht!
>
> (John Lennon, 1975)

Schon lange bevor er die englische Küste hinter sich ließ, war Amerika sein großer Traum gewesen. In seiner Vorstellung war es das mythische Land des Rock 'n' Roll und Heimat seines großen Idols Elvis Presley. »In Liverpool«, so erzählte er gern, »stand man am Rande des Meeres und wußte, da drüben ist Amerika.«

Amerikanisches war ihm nicht fremd. Wie viele andere Kinder in England war auch John mit Kellogg's Corn-flakes, Heinz Baked Beans, Coca-Cola und Hollywoodfilmen großgeworden. Als der Traum der Beatles sich erfüllte und sie auf Amerikatournee gehen konnten, war John überwältigt. Er genoß das pulsierende Leben der Städte sogar noch hinter Hotelzimmerwänden und den dunklen Fenstern der Limousinen.

Es gibt viele Gründe, weshalb die Lennons 1971 nach New York gingen. Sie kamen anfänglich nach New York, um Yokos Tochter Kyoko ausfindig zu machen, die dort wieder einmal mit ihrem Vater Tony Cox verschwunden war. Sie fanden sie und verloren sie wieder aus den Augen. Jahrelang ging das nun schon so, und es war für die Lennons eine frustrierende Erfahrung. Sie waren entschlossen, ein für allemal Klarheit zu schaffen und vor einem amerikanischen Gericht das Sorgerecht zu erwirken.

Cox hatte die Angewohnheit, John und Yoko nur dann einzuladen, wenn er Geld brauchte. Er wollte aber vermeiden, daß Yoko längere Zeit hindurch mit ihnen zusammen war. Er glaubte fest, daß John und Yokos Lebensstil einen negativen Einfluß auf das Kind ausüben konnte. Yoko schien mit den gelegentlichen Besuchen zufrieden, aber ich glaube, daß sie in ihrem Inneren sehr unter den Trennungen gelitten hat. Wenn sie ihr Kind nicht mehr sehen konnte, verfiel sie zeitweilig regelrecht in Angstzustände. Das Wiederauffinden von Kyoko wurde bald zur Besessenheit, Yoko dachte an nichts anderes mehr.

Bevor Yoko John kennenlernte, war New York fünfzehn Jahre lang ihre Heimat gewesen. Durch ihre vielen Beschreibungen und Erzählungen hatte sich in John der Wunsch gefestigt, diese Stadt einmal aus erster Hand kennenzulernen. In England stand sie sehr stark unter dem Einfluß von John, und ich hatte oft den Eindruck, daß sie sehr gerne wieder in die Kunstavantgarde-Welt New Yorks zurückgekehrt wäre. 1969 war ihnen wegen Johns Drogensache eine Einreise verwehrt worden, und ich pendelte wegen ihnen ständig hin und her. Im Jahre 1970 durften sie dann schließlich für die Frühjahrs- und Sommermonate bleiben.

Gegen Ende des gleichen Jahres, nachdem sie in England ihr *John-Lennon/Plastic-Ono-Band*-Album aufgenommen hatten, fuhren sie zum ersten Mal zusammen nach New York. Für John war es ein sehr interessanter Aufenthalt, er lernte viele Künstler und Filmemacher kennen (zum Beispiel Jonas Mekas), und er verbrachte viele Stunden mit Allen Klein.

Während seines Besuches wurde John vom Herausgeber des »Rolling Stone«, Jann Wenner, interviewt. Das Ergebnis war ein Artikel von 30000 Worten, der in zwei Teilen unter dem Titel *John Lennon, The Working Class Hero*, in eindrucksvoller Aufmachung erschien. Der Artikel stand in Zusammenhang mit seiner neuen Platte und spiegelte die Gedanken und Einsichten eines John Lennon nach vier Monaten intensiver Janovscher Therapie.

John war von New York begeistert. Noch zehn Jahre vorher war es Hamburg mit seinen Tag und Nacht geöffneten Cafés und Nachtklubs gewesen, das ihn so fasziniert hatte. Auch Liverpool

war voll von pulsierendem Leben. Der Hafen wimmelte von Einwanderern und Nachtklubs, in denen Blues und Rock 'n' Roll gespielt wurde. Im Geist war John also schon lange vorher ein New Yorker. In Lennon Remembers erzählt er: »Das ist Amerika. Ich hätte in Amerika geboren werden müssen, im Village, da gehöre ich hin... Alles strebt zum Zentrum hin, deshalb bin auch ich jetzt hier. Ich möchte es nur in mich aufnehmen... Amerika ist so überwältigend, und ich bin ein solcher Krüppel, daß ich gar nicht alles aufnehmen kann, es ist einfach zuviel für mich.«

John und Yoko gingen wieder nach England zurück. Acht Monate später, nachdem sie in den gerade fertiggestellten Studios in Tittenhurst Park das *Imagine*-Album und den dazugehörigen Filmstreifen fertiggestellt hatten, kamen sie wieder. Sie gingen zuerst nach Virgin Island, wo Kyoko und Tony Cox sich aufhalten sollten, und dann weiter nach New York. Dieses Mal fuhren sie nicht wieder nach England zurück. Die Stadt sollte nun für viele Jahre ihre Heimat werden.

Im West Village mieteten sie ein Studio und in Soho ein Atelier, in dem sie arbeiten konnten. John fühlte sich wohl im Village: »Es ist hier wie in einem kleinen walisischen Dorf, mit Jones, dem Fischmann und Jones, dem Milchmann, und jeder scheint jeden zu kennen.« Bald schon nahm er New Yorker Gewohnheiten an, fuhr mit dem Fahrrad durch die Parks, ging mitten in der Nacht ins Kino und holte sich seine Sonntagszeitung am Sheridan Square. »We love it«, sagte John, »New York ist ganz phantastisch; auf dieser kleinen Insel von Manhattan herrscht eine unglaublich kreative Atmosphäre. Wie man so schön sagt, es gibt einfach nichts in New York, was es nicht gibt... Ich liebe diesen ganzen Rummel um mich rum, ob das Cheeseburger oder die vielen Fernsehprogramme sind. Ganz sicher findet man hier in Amerika weitaus mehr Energie als anderswo, und ich glaube nicht, daß das nur an der Größe des Landes oder der Einwohnerzahl liegt. Die Amerikaner *haben* einfach mehr Energie. Amerika ist mehr meine eigene Geschwindigkeit.«

John und Yoko bei einem Spaziergang durch das West Village, wo sie sich sehr wohl fühlen.

Ihr erstes Studio-Apartment in der Bank Street im Village.

14»Ich stieg vom Schiff, nur daß es ein Flugzeug war, und landete in New York, und die ersten Leute, die auf mich zukamen, waren Jerry Rubin und Abbie Hoffmann. So einfach ist das. Und die beiden bekannten Typen rufen mich an: ›Hey, Yeah, what's happenin', what's going on?. . .‹ Und als nächtes mache ich John Sinclair Wohltätigkeitsveranstaltungen und dies und jenes. Ich bin als Künstler ziemlich beweglich, wissen Sie. Sie kamen schon fast im Flugzeug auf mich zu, und im nächsten Augenblick steckte ich schon mittendrin.« (John Lennon, 1975)

Nach *Instant Karma*, Johns ironischer Anspielung auf »sofortige« Erleuchtung, hätte man ihn sich sehr gut in der Rolle eines »Radikalen« vorstellen können. Er kam sofort in Kontakt mit den beiden Linksintellektuellen Rubin und Hoffmann und der Neuen Linken, aber so einfach war es nun doch wieder nicht. John steht neuen Ideen immer aufgeschlossen gegenüber und ist damit oft in eine Sache geraten, die im Grunde genommen gar nicht *seine* Sache war, aber auch nur dann, wenn eine gemeinsame Wellenlänge da war, und die Idee schon Gestalt in ihm angenommen hatte.

Johns Wandlung vom Anwalt für Liebe und Frieden zu einem »zornigen jungen Mann« hatte eigentlich schon sechs Wochen vor seiner Ankunft in New York in der hochgradig geladenen Atmosphäre der »Bewegung« eingesetzt. Die Konfrontation mit der Gewalt brachte ihn in ein Dilemma: »Was könnte man tun?« fragte er immer wieder. »Ohne Kampf kommt man nicht an die Macht. Weil sie, wenn es zu dem ganzen Hick-hack kommt, das Volk nicht an die Macht kommen lassen werden. Sie bekommen das Recht, nach ihrer Pfeife zu tanzen, aber keine wirkliche Macht. Ich weiß keine Antwort.«

In seinem Album *John Lennon/Plastic Ono Band* drückt John seinen Ärger, daß trotz der Friedensdemonstrationen und Jugendproteste noch immer die gleichen Leute am Ruder sitzen, aus. Er kam langsam zu der Erkenntnis, daß die einzige Möglichkeit einer friedlichen Revolution in einer Bewußtseinsänderung bei den Heranwachsenden und jungen Arbeitern liegt: »Deshalb rede ich auf der Platte von Schulproblemen. Ich möchte, daß einmal der Rahmen gesprengt wird, daß Ungehorsam gezeigt wird, daß sie den Autoritäten die Zähne zeigen.«

John hatte sich lange Zeit Gedanken über die Revolutionsidee gemacht, war sich aber über seine Stellung nicht schlüssig. Als er 1968 *Revolution* aufnahm, machte er zwei Versionen. Die eine war *Count me in*, die andere *Count me out*. »Ich habe beide genommen, weil ich mir nicht sicher war . . .«, sagte er. »Ich wollte nicht getötet werden. Ich wußte wirklich nicht allzuviel über die Maoisten, ich wußte nur, daß es offensichtlich nur wenige waren, und trotzdem malten sie sich noch grün an, bauten sich vor der Polizei auf, als ob sie nur darauf warten würden, erschossen zu werden. . . So habe ich es empfunden, ich habe mir die Frage gestellt. Für jemanden, der wie ich aus der Arbeiterklasse kam, war alles, was mit der Arbeiterklasse zu tun hatte, waren Rußland und China immer interessant gewesen, obwohl ich auf der Kapitalistenseite mitspielte.«

Im Februar 1971 nahm John *Power to the People* auf, ein eindringlicher Apell. »Ich habe gesehen, daß wir alle unterdrückt werden, und deshalb möchte ich etwas dagegen tun, obwohl ich mir nicht sicher bin, wo ich dabei stehe«, sagte er dem linksgerichteten Blatt »Red Mole«. Ihm ging die Situation der Arbeiter sehr nahe, man mußte ihnen ihre Lage klarmachen: »Sie träumen den Traum der anderen, noch nicht einmal ihren eigenen. Sie sollten einsehen, daß sie nach den Schwarzen und Iren die nächsten sind, die unterdrückt werden. Wenn sie sich das klarmachen, können wir mit der Arbeit anfangen, vielleicht mit Aussicht auf Erfolg.«

Die englische Presse sah in ihm nun einen extremen Linken. Er konterte: »Sie schlagen auf mich ein, weil ich ›Power to the People‹ verlange, und sagen, daß keine Gruppe die Macht haben soll. Unsinn. Das Volk ist keine Gruppe. Das Volk ist jeder. Ich

Zusammen mit Jerry Rubin am Abend der Attica-Wohltätigkeitsveranstaltung im Apollo-Theater.
Mit Jerry Rubin auf einer Pressekonferenz.

bin der Ansicht, daß jeder das gleiche Recht auf Besitz hat, und daß das Volk einen Anteil an den Betrieben haben sollte und mitentscheiden soll, wer der Boß ist und wer was macht. Schüler sollten ihre Lehrer selbst auswählen dürfen. Es wäre wohl so etwas wie Kommunismus, aber ich weiß nicht so ganz, was richtiger Kommunismus ist. Es gibt in der Welt keinen richtigen Kommunismus, Rußland hat ihn zum Beispiel nicht. Es ist ein faschistischer Staat. Der Sozialismus, von dem ich spreche, ist ein möglicher in England, nicht da, wo einige verdrehte Russen ihn praktizieren könnten. Wir würden hier einen guten Sozialismus haben. Einen britischen Sozialismus.«

Johns Album *Imagine,* welches kurz vor John und Yokos Umzug nach New York aufgenommen wurde, enthüllt noch mehr seine zunehmende radikale Einstellung. In *Gimme Some Truth* singt er von dem »neurotisch-psychotisch-dickköpfigen Politiker« und warnt, daß »kein kurzhaariger, dickbäuchiger Sohn eines Tricky Dick mich mit einer Handvoll Hoffnung einseifen kann . . .« In dem eindringlichen *Imagine* entwirft er seine Vision der vieldiskutierten friedlichen Revolution: *Imagine there's no countries/it isn't hard to do/nothing to kill or die for/and no religion too/imagine all the people/living life in peace/no need for greed or hunger/a brotherhood of man/Imagine all the people/sharing all the world . . .*

So war es wirklich kein Wunder, daß John mit »Verrückten wie Jerry Rubin und Abbie-my-boy-Hoffman«, wie er sie nannte, zusammen war. Er war reif für »action«, das Leben in New York war eine neue Erfahrung; er wollte unbedingt akzeptiert werden, teilhaben am Geschehen um ihn. New York erweckte ihn wieder zu neuem Leben. Jeder Vorwand war ihm recht, um Musik machen zu können. Und so stand er wieder glücklich auf der Bühne, bei der Attica-Wohltätigkeitsveranstaltung im Apollo, oder beim Sinclair-Festival in Ann Arbor.

John kam mit einer Gruppe namens Elephant's Memory und produzierte zusammen mit Yoko *Sometime In New York City*, ein musikalisches Tagebuch ihrer radikalen Erfahrungen. Sie sangen von Angela Davis, John Sinclair, dem Gefangenenaufstand im Attica-Gefängnis, dem Krieg in Nordirland und der Frauenbefreiung. Es brachte John wieder ein Stück voran, zudem war es John und Yokos erster Erfolg mit einer gemeinsamen Platte. Fünf Stücke darauf waren gemeinsame Aufnahmen, drei waren von Yoko, zwei von John. Es sind harte und eindringliche Stükke, die wie Live-Aufnahmen wirken. Die Kritiken waren wieder niederschmetternd, meiner Meinung nach zu Unrecht. *Woman Is The Nigger Of The World* war sicherlich ein wichtiger Beitrag in der damaligen Diskussion.

John sagte zu der negativen Kritik: »Das war, als ich die sogenannten ›politischen Lieder‹ brachte. Ich glaube nicht, daß das die besten Stücke von mir gewesen sind, weil ich viel zuviel daran getan habe. Was ich mir dabei vorgestellt habe, war, das zu schreiben, was die Leute heute so sagen. Und darin lag mein Fehler. Ich habe eben nicht geschrieben, was *ich* denke und sagen will. Bei *Give Peace A Chance* hat es funktioniert, aber nicht bei den anderen Stücken.«

John war der festen Überzeugung, daß diese radikale Phase seinem musikalischen Weiterkommen geschadet hat: »Diese Phase hat meinen Erfolg fast ruiniert. Es war nicht mehr Poesie, es war reiner Journalismus. Ich glaube, daß ich im Grunde genommen ein Dichter bin . . . Mir ist das nach einiger Zeit klargeworden, nicht, weil ich sofort mit Jerry Rubin zusammen war. Aber das war wie eine Erleuchtung. Mir wurde klar, daß wir wirklich Dichter waren, echte Folk-Dichter, und Rock 'n' Roll ist Folk-Dichtung.«

John und Yoko in einer stillen Minute mit Elephant's Memory.

Hinter seinen Auseinandersetzungen mit den amerikanischen Einwanderungsbehörden steckte ein geheimer (und hysterischer) Bericht des Weißen Hauses. Der damalige Präsident Nixon gab seinen Regierungsbeamten den Auftrag, John Lennon abzuwimmeln und ihn nötigenfalls »aus Amerika rauszuschmeißen«. John hatte keine Ahnung, was durch die Bekanntschaft mit Rubin und Hoffman noch alles auf ihn zukommen sollte. Schon einige Monate nach seinen öffentlichen Auftritten bei radikalen Veranstaltungen wurden seine Telefone angezapft, seine Wohnung mit Abhörwanzen versehen und er selbst ständig beobachtet. Ein politisch engagierter Beatle war mehr, als der »Nixon-Staat« ertragen konnte. Sie fürchteten, daß er sich zu einem potenten Gegner, die Jugend im Rücken, entwikkeln könnte.

Anfang 1972 wurde von einigen Senatsmitgliedern im Unterausschuß für innere Sicherheit, einer Abteilung des Rechtsausschusses, ein Papier über John vorbereitet und Senator Thurmond vorgelegt. Das Papier war in sechs Paragraphen unterteilt und trug die Überschrift »John Lennon«. Darin stand zu lesen, daß John im Jahre 1971 an einer Massenkundgebung für John Sinclair in Ann Arbor teilgenommen habe und daß Rennie Davis, Jerry Rubin, Leslie Bacon, Stu Albert, Jay Craven und »andere« vor nicht langer Zeit nach New York gekommen seien. »Diese Gruppe«, so steht es in dem Memorandum, »steht auf der Seite derer, die es sich zum Programm gemacht haben, Präsident Nixon zu bekämpfen. Ihre Rock-Konzerte, die in verschiedenen Wahlbezirken gegeben werden sollen, haben folgende Ziele: den Zugang zu den Universitäten zu erreichen, die gesetzliche Freigabe von Marihuana zu erwirken, ihre diversen subversiven Operationen finanzieren zu können und Leute zur Teilnahme am Nationalkonvent der republikanischen Partei in San Diego anzuheuern. Diese Personen sind identisch mit den Personen, die maßgeblich an der Aufspaltung des Nationalkonvents der Demokraten 1968 in Chicago beteiligt waren . . . Davis und seine Anhänger versuchen, John Lennon als Aushängeschild für ihre Rock-Festivals und Kundgebungen zu benutzen. Man befürchtet, daß damit riesige Geldsummen in die Taschen der Neuen Linken strömen, und daß es zum unvermeidlichen Zusammenstoß zwischen einem von dieser Gruppe kontrollierten Mob und den Polizeikräften in San Diego kommen wird. Eine Nichterneuerung des Visas für John Lennon würde eine strategische Gegenmaßnahme darstellen.«

Am 4. Februar 1972 schrieb Senator Thurmond an John Mitchell unter Anlage des Papiers: »Mir scheint dies eine wichtige Sache zu sein und ich glaube, man sollte sie an höchster Stelle zur Sprache bringen. Meiner Ansicht nach könnte durch entschlossenes Handeln viel Ärger erspart bleiben.« Am Ende des Briefes steht von Hand: »Ich habe Bill Timmons (ein Beamter des Weißen Hauses) ebenfalls eine Kopie des Memorandums zugehen lassen.«

Mitchell übergab die Angelegenheit dem Anwalt Kleindienst, der sich am 14. Februar 1972 mit dem Beauftragten des Büros für Einwanderungs- und Einbürgerungsangelegenheiten (INS), Raymond Farrell, in Verbindung setzte. Er schrieb ihm folgenden Brief: »Ray, bitte ruf mich wegen der beigefügten Angelegenheit an. Wann kommt er? Haben wir gegebenenfalls die nötigen Mittel, eine Erlaubnis zu verweigern?« Die hatten sie, und das INS stellte einen Antrag auf Widerruf der Einreisegenehmigung aufgrund der Festnahme wegen Drogenbesitzes 1968 in England. Am 2. März 1972 rief James Greene, ein Kollege Farrells, den Bezirksleiter des New Yorker INS-Büros, Sol Marks, an und bat ihn »die John Lennon und seiner Frau gewährte Genehmigung sofort zu widerrufen«. Weiterhin gab er Marks die Anweisung, Johns vorläufigen Antrag auf Aufenthalt im Lande abzulehnen mit dem Hinweis, es sei eine persönliche Bitte von Farrell. Am 6. März 1972 wurde die von John vor fünf Tagen beantragte Genehmigung auf Verlängerung seines Visums ordnungsgemäß widerrufen. Marks schrieb an John: »Wir gehen davon aus, daß von Ihrer Seite keine Absichten auf Einreise bestehen.«

Von diesen internen Einzelheiten wußte John zu der Zeit noch nichts. Er wußte nur, daß die Regierung seine Rauschgiftfestnahme zum Anlaß genommen hatte, sein Visum nicht zu verlängern. Seine Pläne waren damit zerstört, doch er war fest entschlossen, für sein Verbleiben im Lande zu kämpfen. Yokos Sorgerecht für Kyoko war noch immer nicht durch, und John hatte Pläne, mit Elephant's Memory aufzutreten. Am 29. April 1972 beantragte der damalige Bürgermeister von New York, John Lindsay, bei den Bundesbehörden, das Ausweiseverfahren einzustellen und John eine ständige Aufenthaltsgenehmigung zu erteilen. »Man ist dabei, eine große Ungerechtigkeit zu begehen«, sagte er.

John war verwirrt und verzweifelt: »1972 war wirklich ein schlimmes Jahr für mich. Andauernd mußte ich vor Gericht erscheinen. Es war wie ein Zahnschmerz, der nicht mehr aufhören wollte. Aber das war auch eine Zeit, wo ich einfach nicht funktionieren *konnte*. Es machte mich langsam verrückt, ständig überwacht, beschattet und beobachtet zu werden ... Wie konnte ich beweisen, daß sie mein Telefon angezapft hatten? Ich konnte es nicht. In der Dick-Cavett-Show sagte ich dann, daß ich verfolgt würde. Von da an hörte es auch auf. Sie wollten, daß ich auch *merkte*, daß ich verfolgt wurde. Ich war unheimlich mit den Nerven fertig.«

In den Einwanderungsfall hatte sich das Weiße Haus nicht nur auf illegale Art und Weise eingemischt, man wollte zudem eine politische Angelegenheit daraus machen. Seine Lieder und Ideen, sogar sein Umgang sollten den Beweis erbringen, daß er zum Bürger der Vereinigten Staaten nicht geeignet sei. Im Büro von Sol Marks wurde dieser Plan von allen Seiten beleuchtet, doch Vincent Schiano, der für den Fall zuständige Regierungsanwalt, stellte sich gegen den Plan. Er sei prinzipiell überflüssig und würde nur Unbehagen unter den jungen Leuten stiften. Für die Regierung sei es doch keine Schwierigkeit, John des Landes zu verweisen. Entweder sei er strafrechtlich vorbelastet oder nicht. Wenn ja, wäre der Fall doch erledigt. Warum jetzt auch noch seine Stücke heranziehen? Der wesentliche Punkt der Angelegenheit lag anderswo. Nixon und seine Spitzenfunktionäre hatten Angst um ihren 1972 in San Diego stattfindenden Nationalkonvent. Deshalb ihr Druck auf die New Yorker Einwanderungsbehörden.

Im März 1973 bekam John wiederum die Aufforderung, das Land zu verlassen. Er antwortete darauf: »Da wir gerade unseren vierten Hochzeitstag gefeiert haben, sind wir nicht bereit, in getrennten Betten zu übernachten. Peace and Love, John and Yoko.« Alles war auf der Drogensache aufgebaut, von der John sowieso immer wieder behauptete, daß es purer Schwindel gewesen sei. Er erhoffte sich eine Lösung durch die Queen, bat um ihre »königliche Vergebung«, um wieder »ungestört nach und aus den Vereinigten Staaten reisen zu können«. Seine Bitte wurde abgelehnt.

Im darauffolgenden Jahr spitzte sich die Sache zu. Das amerikanische Justizministerium forderte John am 18. Juli 1974 auf, das Land innerhalb von 60 Tagen zu verlassen, wenn nicht, würde man ihn ausweisen. Ein entsprechender Ablehnungsbescheid der Einwanderungsbehörde lag schon vor. Dann aber erschien ein Zeitungsartikel von Jack Anderson, der alles in Bewegung brachte. Er enthüllte in seinem Artikel, daß es den Einwanderungsbehörden gar nicht um den Drogenkrach ging. Der wahre Grund sei, daß John sich zu freimütig über den Vietnamkrieg geäußert habe, außerdem habe man gehört, daß John auf dem Nationalkonvent der Republikaner gegen Nixon demonstrieren wolle. Die Spitze des Eisbergs war nun sichtbar, man hoffte auf weitere Einzelheiten. Johns Rechtsanwälte klagten vor dem Bundesgericht gegen die Regierung. John erklärte dazu: »Mein Rechtsanwalt, genauer wohl ich, stelle Klageantrag gegen die Regierung, weil sie mein Telefon angezapft und überhaupt ein übles Spiel mit mir getrieben haben. Wenn nötig, gehe ich auch noch in die Berufung. Es geht nicht um Geld, sondern um eine Idee. Wenn der Rechtsanwalt meint, es sei Zeit für mich, etwas zu tun, dann tue ich was. Wenn nicht, halte ich mich ganz raus. Ich bleibe optimistisch. Ich bin hier und bleibe auch hier. Sie können veranstalten, was sie wollen, ich bleibe hier.«

Das Berufungsgremium für Einwanderungsfragen forderte John auf, das Land freiwillig bis zum 8. September 1974 zu verlassen. John legte erneut Widerspruch ein. Diesmal kamen die Einwanderungsleute mit einer neuen Taktik. Sie behaupteten, daß sein erstes Visum abgelaufen sei. »Am Anfang war der Fall für sie nur auf New York beschränkt«, sagte John, »und sie leiteten das Verfahren gegen uns beide ein. Dann entdeckten sie plötzlich, daß gegen Yoko in England ja gar nichts vorlag, und daß sie aufgrund der Tatsache, daß ihr früherer Ehemann Amerikaner sei, mit dem Verfahren eigentlich nichts zu tun habe. Der ›örtliche Fall‹ war dann plötzlich keiner mehr, und sie mußten etwas anderes finden. Und so kamen sie auf die Visumsüberschreitung. Jetzt schreibt einer von ihnen (Greene) an die Zeitungen, daß sie mich wie einen normalen Bürger – Ausländer –, dessen Visum abgelaufen sei, betrachten würden. Nichts mehr von Marihuana und dem ursprünglichen Grund für meine Ausweisung. Es ist doch sehr interessant, wie sie den Fall jetzt für ihren Zweck ummünzen.«

John und Yoko während des »One-to-One«-Konzerts im Madison Square Garden am 30. August 1972.

Trotz der Schwierigkeiten hielt John weiter an seiner Absicht fest, in den Staaten zu leben und zu arbeiten. Am 30. August 1972 hielt er zwei Wohltätigkeitskonzerte für geistig behinderte Kinder im Madison Square Garden ab. Nach Verkauf der Fernsehrechte und Hinzufügung der für diesen Zweck zur Verfügung stehenden staatlichen Unterstützung kam man auf einen Erlös von zusammengenommen 1,5 Mill. Dollar. Das Geld ging an drei New Yorker Wohlfahrtsorganisationen für den Bau von kleineren Wohneinheiten, in denen diese Kinder individuell betreut werden könnten. In Anlehnung an dieses Konzept der Einzelbetreuung nannte man das Projekt »One to One«, und Bürgermeister Lindsay erklärte den 30. August zum »One to One«-Tag.

John war am Konzertabend, besonders bei der zweiten Aufführung, in ausgezeichneter Stimmung und spielte wie in alten Zeiten. Es war schon nach Mitternacht, als John und Yoko auf der Bühne erschienen und sich vor den hufeisenförmig angeordneten Verstärkern an die Mikrophone begaben. Begleitet wurden sie von der kraftvollen Gruppe Elephant's Memory, an der sich noch zusätzlich Schlagzeuger Jim Keltner und ein zweiter Bassist beteiligt hatten. John, gekleidet in einen grünen Armeeanzug und ständig kaugummikauend, gab eine sagenhafte Vorstellung. Sie spielten insgesamt sechzehn Stücke, von denen John die Rockstücke *Come Together* und *Instant Karma* am meisten Spaß zu machen schienen (John und Yoko begleiteten sich dabei gegenseitig an zwei elektrischen Pianos). Vollkommen atemberaubend war ihre Version von *Cold Turkey;* John war fast nicht mehr zu halten. Der Text wurde förmlich unter seinen Händen lebendig.

Hound Dog folgte, jedoch in ohrenbetäubender Improvisation. Mit einer Reggae-Version von *Give Peace A Chance* kam die Show zu einem stürmischen Ende, bei dem alle auf die Bühne strömten und mit einstimmten. John stülpte sich einen roten japanischen Arbeitshelm über und setzte immer wieder aufs neue an, so lange, bis schließlich das Publikum in wahre Begeisterungsstürme ausbrach und wie rasend applaudierte.

Das tumulthafte Ende von *Give Peace A Chance* beim »One-to-One«-Konzert. Das Publikum applaudiert fünf Minuten lang.

Im November des Jahres 1973 nahm John *Mind Games* auf. Nach den Slogans seiner Platte *Sometime In New York City* erscheint dieses Album wie eine Erleichterung; John befaßt sich darauf wieder einmal mit seinen eigenen Gedanken und Emotionen. *Mind Games* ist überzeugend und lyrisch zugleich, eben John Lennon, und nicht der Botschaften verbreitende Agitprop-Musiker, der er gewesen war. Die Musik selbst ist angenehm, voller Phantasie und ausgeglichen. In ihr spiegeln sich sein neuer Optimismus und seine positive Einstellung gegenüber dem Leben. Vor allem in *Only People* und *Intuition* kommt dieses wiedergefundene Glücksgefühl gut zum Ausdruck.

»Für mich war *Mind Games* ein Übergang vom politisch Besessenen zum wirklichen Musiker«, sagte John. Die politischen Probleme beschäftigten ihn zwar noch immer, machten aber einer neuen Einstellung Platz. *Keep on playing those mind games forever.*

Im Text von *Intuition* wurde kein Wort verschwendet, jede Zeile hat autobiographischen Charakter. Seine Denkweise offenbart sich in nur wenigen Worten: *My intentions are good, I use my intuition. It takes me for a ride . . . And I play the game of life – I try to make it better each and every day . . . And time after time confirmed an old suspicion – It's good to be alive.*

Bis zum Winter 1973 waren die Einwanderungsprobleme zu einer immer größeren Belastung für die Beziehung zwischen John und Yoko geworden. Eines Tages ging John ganz ruhig weg und kam nicht mehr zurück. »Wie ein Freund sagte: ich ging weg, um Kaffee und Zeitungen zu holen und kam nicht mehr wieder«, sagte John, »die Frage ist nicht, *wer* Schluß gemacht hat. *Die Sache an sich* ist auseinandergegangen.«

Um seiner Einsamkeit und seinem Schmerz zu entfliehen, setzte er sich ins Flugzeug und besuchte in Los Angeles Phil Spector. Seit der Aufnahme von *Mind Games* hatte er schon mit dem Gedanken gespielt, ein Plattenalbum mit Oldies herauszugeben, und Phil Spector schien ihm dazu der geeignete Produzent zu sein. »Ich hatte genug von tiefschürfenden Gedanken, warum soll ich nicht mal etwas Spaß haben?« fragte er. Grundsätzlich bedeutete das für ihn, singen zu können, am liebsten Rock 'n' Roll: »Immer wenn ich im Studio nicht gerade was über meine eigenen persönlichen Gedanken sang, habe ich Rock 'n' Roll gesungen, und damit habe ich ja auch angefangen. Ich dachte mir – ich weiß, was ich machen werde. Ein Rock-'n'-Roll-Album über all die Stücke, die ich immer zwischen den Aufnahmen gesungen habe, und das ohne selbst Produzent oder Textschreiber sein zu müssen.«

John brauchte mehr als drei Wochen, um Spector davon zu überzeugen, daß die Sache klappen würde und daß es sich nicht wie bei *Imagine* um eine Coproduktion handle, wo er sich ständig eingemischt habe. Er sagte zu Spector: »Ich will nur wie Ronnie Spector oder die Chiffons oder sonst irgend jemand dasitzen und singen. Und ich komme nicht eher rein, bis alles auf Band ist, und überprüfe weder Schlagzeug noch Baß, noch sonst irgendwas. Es wird so gemacht, wie du es dir vorstellst. Ich singe nur.«

Die Aufnahmesitzungen liefen gut an, doch wurde bald alles ganz anders: »Zuerst war alles phantastisch. Da war er nun, Phil Spector, und konnte nun 28 Leute, inklusive mich selbst und viele von uns, die ursprünglich nicht mit dabei waren, live steuern. Etwas, was ich ihm vorher nie erlaubt hätte. Es war wie bei den Spector-Aufnahmen der 60er Jahre, die niemand von uns gesehen hatte. Er war einfach phantastisch, aber es wurde mit der Zeit immer verrückter, bis schließlich alles zusammenbrach.«

Spector schloß die Bänder bei sich zu Hause ein, damit John nicht drankommen sollte. John fand bald heraus, daß er die Aufnahmesitzungen durch Warner Brothers finanziert hatte. Das gab überhaupt keinen Sinn; denn bisher wurden alle seine Aufnahmen automatisch von E.M.I. oder Capitol bezahlt. John sagte: »Somit waren nicht nur die Aufnahmesitzungen am Ende, die Bänder waren ebenfalls weg. Und aus dem Spaß wurde Ärger. Ich hing monatelang in Los Angeles fest und wartete darauf, daß er endlich aus seinem Bau herauskam. Und dann ständig die Geschichten mit ›er hat einen Unfall gehabt‹, oder ›er liegt im Sterben‹, und weil es in seinem Kopf immer so ungeheuer wirr zuging, wußte man einfach nicht mehr, woran man war!«

John suchte nach einer Erklärung, warum alles so verlaufen mußte: »Ich bin verrückt, er ist verrückt – und er ist noch verrückter als ich, das ist alles.« Dann war er die ganze Geschichte satt und wurde sehr niedergeschlagen. Die Tatsache, daß er zum ersten Mal seit fünf Jahren von Yoko getrennt war, forderte nun seinen Preis. Es schien nun alles auf einmal auf ihn einzustürzen: Die fehlenden Bänder, seine eigenen Probleme, die mit der Einwanderungsbehörde, und die lange Zeit der Auseinandersetzung mit den Beatles.

Er begann, seinen Kummer in Alkohol zu ertränken und wußte bald kaum noch, was geschehen war. Seine Freunde halfen ihm auch nicht, sie ermutigten ihn sogar noch eher: »Wenn ich betrunken oder sonst irgendwie weggetreten war, waren auch immer Freunde um mich herum, die das alles gut fanden und mir immer mehr von dem tödlichen Zeug verabreichten. Wie Dylan schon in seinem Lied sagt: *Pull you down in the hole that he's in*. Aber wenn ich so etwas sage, möchte ich nicht anderen Leuten die Schuld geben.«

John hatte viel mit dem Komponisten und Sänger Harry Nilsson zusammen getrunken. Eines Morgens meinte Nilsson: »Was soll das alles? Warum versuchen wir nicht, irgend etwas zu tun, anstatt alles nur noch schlimmer werden zu lassen? Ich komme in die Zeitungen, du aber nicht, und ich bekomme dadurch all die Probleme, und *ich* habe die Sorgen mit der Einwanderung. So laß uns etwas Konstruktives tun!«

Durch diesen Vorschlag kam John dazu, für Nilsson eine Platte aufzunehmen, *Pussycats*. Für John eine Ideallösung, da er in seiner Stimmung noch nicht einmal daran gedacht hätte, eine eigene Platte zu produzieren. Er war so begeistert von seiner neuen Idee, daß er gleich Harry, Ringo, Klaus Voormann – Keith Moon kam auch noch dazu – den Vorschlag machte, bei ihm zu wohnen, damit man sich »aufeinander einstimmen« könnte. Es wurde alles wieder genauso verrückt.

»Nach der ersten Aufnahmesitzung kommt Harry auf mich zu und sagt, er hätte keine Stimme mehr. Ich weiß nicht, ob das psychologisch bedingt oder sonst irgend etwas anderes war. So stand ich nun da mit diesem wirklich guten Sänger ohne Stimme . . . Mir wurde plötzlich klar, daß ich ja der Produzent war und zusehen mußte, daß alles funktionierte«, sagte John. Er mußte sich in seinem Schlafzimmer einschließen, um sich vom Trinken abzuhalten, und konnte so seinen Verpflichtungen nachkommen. John fühlte sich schon viel besser, als das Album fertiggestellt war. Er hatte im Gegensatz zu den vorangegangenen Monaten wieder einmal etwas geleistet.

Nachdem John vergeblich darauf gewartet hatte, daß Spector wieder auftauchte, entschloß er sich, wieder nach New York zurückzufahren. Mit nur einem Stück unterm Arm kam er wieder: *Nobody Loves You (When You're Down And Out)*, ein starkes, aber deprimierendes Stück, das einzige, was er in Los Angeles geschrieben hatte. »Wenn ich es damals in meiner Stimmung und mit meinem Kopf herausgegeben hätte, wäre alles nur schiefgelaufen. So habe ich es erst einmal in der Tasche stecken lassen.« Er hatte schon wieder Pläne für ein neues Solo-Album.

In der letzten Augusthälfte versammelte John die besten Bandmusiker um sich, fuhr mit ihnen in den 10. Stock der Record Plant in der 44th Street und legte *Walls and Bridges* auf. Die

Wieder zu sich gefunden: Im Dakota-Gebäude mit Blick auf den Central Park in New York.

restlichen Stücke der Platte hatte er alle in einem Anfall von Arbeitseifer kurz nach seiner Rückkehr geschrieben. In der Besetzung finden sich bekannte Namen: Jim Keltner am Schlagzeug, Klaus Voormann, Baß, Jesse Ed Davis, Gitarre, und Nicky Hopkins, Piano. John holte das letzte aus ihnen heraus; das Album war in drei oder vier Tagen fertig.

Walls and Bridges ist das Produkt seiner chaotischen Zeit in Los Angeles. John war zurückblickend selbst erstaunt, daß ihn so plötzlich wieder der Drang überkommen hatte, Stücke zu schreiben: »Es lag damals schon alles in der Luft, es muß mich schon beeinflußt haben, als ich noch gar nichts davon ahnte. Man glaubt, daß man noch funktioniert, aber man merkt gar nicht, was mit einem los ist. Man denkt, man tut dies oder jenes, aber man tut überhaupt nichts. Ich habe nichts geschrieben, nur ein einziges Stück während der ganzen Zeit.«

John machte die Aufnahme von *Walls And Bridges* Freude. »Ich wundere mich, daß ich nach diesem höchst seltsamen Jahr überhaupt noch etwas Anständiges produziert habe. Auf der Platte geht es um dieses Jahr, aber nicht so schizophren wie es wirklich war. Ich glaube, ich stehe noch so sehr unter dem Schock der Ereignisse, daß die Auswirkungen sich noch gar nicht bemerkbar machen konnten. Alles ist eben doch nicht auf *Walls and Bridges*, einiges nur andeutungsweise. Es geht dabei ums Alter und was weiß ich sonst noch alles. Es bleibt aber alles nur an der Oberfläche.«

Wie sein Album *John Lennon/Plastic Ono Band* war auch *Walls And Bridges* für John so etwas wie eine Befreiung von Ängsten. Einige Zeilen in *Scared* beweisen in starkem Maße Johns Angst vor dem Alter und der Einsamkeit: *No Place To Call My Own*. »Auf den Titel kam ich durchs Fernsehen«, erklärte er, »ich ging wieder wie gewöhnlich von einem Programm aufs andere und hörte irgendwie den Satz ›Walls and Bridges‹. Ich merkte ihn mir, weil er mir gefiel. Die Wände halten dich schützend in sich fest, Brükken führen dich irgendwo anders hin. Irgendwie steckt darin etwas Poetisches. Es sagt alles und wieder nichts. Und so habe ich es genommen.« Die beste Single aus dem Album wurde

Whatever Gets You Thru The Night, mit seinem neuen Freund Elton John, der mitsang und Piano und Orgel bediente. Der Titel dieser Beat-Rock-Version entstand aus dem Text selbst: *Whatever Gets You Thru The Night Is Alright*.

Musikalisch gesehen war *Walls And Bridges* eine Überraschung, fast eine Erleichterung. Viele vermuteten hinter dem Titel ein gewohnt morbides Werk, aber es war genau das Gegenteil. In der Musik stecken soviel Freude und Vitalität, wie sie vorher bei John noch nie festgestellt worden waren. Die dunklen Schatten hatten sich aufgelöst. Jetzt, da er verstehen konnte, was er durchgemacht hatte, konnte er wieder frei atmen und gute Musik machen. Die Platte wurde zu einem Triumph seiner musikalischen Glaubwürdigkeit.

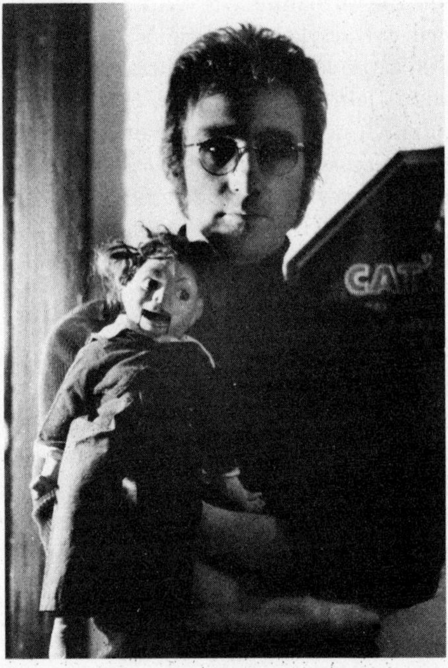

Einen Tag vor der Aufnahme von *Walls And Bridges* sandte Phil Spector die Rock-'n'-Roll-Bänder wieder zurück. John konnte sich durch die Aufnahme noch nicht mit ihnen beschäftigen und legte sie deshalb erst einmal beiseite. Danach holte er sie sich heran und hörte die acht Aufnahmen ab. »Erst wollte ich sie gar nicht hören, ich hatte ein ganz schlechtes Gefühl dabei, aber dann hörte ich sie mir doch an. Vier davon waren brauchbar, der Rest waren kilometerlange Mißklänge, ganz verrückt, man konnte damit einfach nichts anfangen. Achtundzwanzig Leute, die alle so spielen, wie es ihnen gerade einfällt . . . ich rettete also noch, was zu retten war, es machte mich ganz krank. Was sollte ich nur damit machen? Eine E.P.?* Aber so etwas gab's nicht in Amerika . . . Eine nach der anderen herausbringen? Ich war mir nicht sicher, ob sie von der Qualität her für eine Single ausreichten. Ein paar waren ja in Ordnung, aber ich war da nicht so optimistisch. Dann dachte ich mir, man könnte ja noch ein paar Stücke mehr machen.«

John ließ sich bei Record Plant sofort einen Aufnahmetermin geben und nahm dafür größtenteils die Leute, die auch bei *Walls And Bridges* mitgespielt hatten. John ging wieder mit viel Energie an die Sache heran, nach fünf Tagen waren zehn neue Stücke fertiggestellt: *Be-Bop-A-Lula, Stand By Me, Ready Teddy, Rip It Up, Ain't That A Shame, Do You Want To Dance, Slippin And Slidin, Peggy Sue, Bring It On Home To Me, Send Me Some Lovin'* und *Ya-Ya*.

Nach der Aufnahme war John sich noch immer nicht ganz sicher: »Es fing lustig an, wurde dann unerträglich und dann wieder lustig. Danach wußte ich nicht mehr, was ich davon halten sollte. Meine Stücke hörten sich ganz anders an als die von Phil, und ich hörte schon die Vorwürfe, so etwas überhaupt herauszubringen. Für 1973 mag die Idee gut gewesen sein, aber wir sind jetzt im Jahre 1974, bald 1975, und alle werden sagen ›er hätte es besser nicht getan, wie konnte er nur!‹ Die Leute waren inzwischen schon so gespannt auf die tolle Lennon-Spector-Platte, daß ich, zum ersten Mal in meinem Leben, eine Platte fast nicht herausgegeben hätte.

* EP = Extended Play, 45er Platte mit verlängerter Spieldauer

John mit Elton John, der »einfach so hereingeschneit kam, sich ans Piano setzte und schließlich *Whatever Gets You Thru The Night* sang«.

Dann gab ich die Platte ein paar Leuten, die nicht daran beteiligt waren und der Schallplattenfirma zum Anhören und sie sagten: ›Sie ist gut, wir mögen sie‹, und Freunde, die auch nicht dabei waren, fanden sie auch gut. Sie kam also heraus.«

Die fertige Platte trug den einfachen Titel *John Lennon Rock 'n' Roll* und wurde im März 1975 herausgegeben. Sie war sofort ein Erfolg.

John hatte sich gewandelt. Ganz deutlich wurde dies bei seinem überraschenden Auftritt bei einem Elton-John-Konzert. Ihre Beziehung wurde rege seit dem Augenblick, in dem Elton, wie John sagte, »zu den Aufnahmen für *Walls and Bridges* praktisch hereingeschneit kam, sich ans Piano setzte und mit mir *Whatever Gets You Thru The Night* sang, was ein großer Volltreffer war. Dann ließ er mich über einen Freund fragen, er selbst war zu schüchtern, ob ich vielleicht dabeisein könnte, wenn er die Aufnahmen zu *Lucy* macht. Selbst spielen könnte ich auch, aber einfach nur dasein? So ging ich also los. Und ich sang im Chor und gab meinen Teil zum Reggae. Und dann, wieder über einen gemeinsamen Freund, ließ er anfragen, ob ich, wenn es *Number One* (*Whatever Gets You Thru The Night*) werden würde, mit ihm zusammen auftreten würde. Und ich sagte na klar, und dachte nicht im Traum daran, daß es tatsächlich auf den ersten Platz kommen würde.«

John hielt sein Versprechen und kam zu Elton Johns Thanksgiving-Konzert im Madison Square Garden. Als sich im Publikum langsam herumsprach, daß John auftreten würde, steigerte sich die Stimmung in wahre Begeisterungsstürme, so wie damals zur Beatles-Zeit. In dem Augenblick, wo John aus der Menge heraus auf die Bühne sprang, gab es stürmischen Applaus. Er wirkte umwerfend, als er, mit seinem schwarzen Umhang und wie üblich kaugummikauend, seine Gitarre in die Luft riß und *Whatever Gets You Thru The Night* anstimmte. Die Menge tobte wie in Ekstase. Als nächstes begleitete er Elton im Chor zu *Lucy In The Sky With Diamonds* und kündigte dann an, daß sie nun »An old Beatles«-Song spielen würden, der noch nie auf der Bühne gespielt worden sei: *I Saw Her Standing There*. Elton selbst war so aufgeregt, so glücklich und so fasziniert, daß ihm die Tränen in den Augen standen.

John sagte danach: »Ich war sehr bewegt, doch alle anderen waren aufgelöst in *Tränen*. Ich fühlte mich direkt unwohl, weil ich nicht weinte. Ich ging noch einmal hin und brachte noch ein paar Stücke . . . It was a great high night, a really high night.«

Das Ereignis war für John von ganz besonderer Bedeutung. Nicht nur wegen seines Erfolgs, sondern weil Yoko beim Konzert anwesend war. Er merkte es erst, als er ihr plötzlich hinter der Bühne gegenüberstand: »Ich wußte nicht, daß sie da war. Wenn ich es gewußt hätte, hätte ich vor lauter Nervosität nicht mehr weitermachen können, ich wäre in den Boden versunken . . . Nachher war sie hinter der Bühne, und dann kam der Augenblick, wo wir uns wiedersahen. Es war wie im Film, als ob die Zeit stehenbleiben würde. Und es war Schweigen, alles war ganz ruhig, wir sahen uns nur an und . . . oh, hello . . ., und jemand sagte: ›Da ist ja jemand verliebt.‹ Das war kurz bevor wir wieder zusammen waren. Wahrscheinlich, weil wir wieder etwas fühlten. Es war seltsam . . .«

Eine Versöhnung zwischen John und Yoko schien Ende 1974 am wenigsten wahrscheinlich. John sagte: »Es ist schwer, die Situation zwischen Yoko und mir zu beschreiben. Es ist so persönlich, und ich bin mir selbst auch gar nicht so sicher. Yoko und ich sind irgendwie voneinander getrennt, doch auch wieder eins und zusammen. Ich weiß nicht, was ich sonst noch dazu sagen soll, außer daß Yoko von allen Frauen, mit denen ich je zusammen war, die erste und einzige ist, die ein wirklicher Freund für mich bleiben wird, egal was mit unserer Ehe passiert.«

Und dann ging John ganz plötzlich wieder in die Wohnung am Central Park West zurück, in der Yoko die ganze Zeit über allein gelebt hatte. Leise kam er herein, mit den gleichen Zeitungen unter dem Arm, für die er vor einem Jahr aus dem Haus ging, und sein einziger Kommentar vor der Presse war: »Die Trennung hat nicht funktioniert.« »Sie funktionierte tatsächlich nicht«, führte er später aus, »und die Reaktion darauf war dieser

ganze Blödsinn. Ich war völlig kopflos und ohne Orientierung. Ich komme mir so vor, als ob ich auf Sindbads Reisen gewesen wäre, die ganzen Ungeheuer erschlagen hätte und nun wieder zurück bin.«

John war einfach glücklich und erleichtert, wieder bei Yoko in New York zu sein, statt irgendwo an einem seltsamen Ort mit einem Kater aufzuwachen.

»Wir sind wieder zusammengekommen, weil wir uns lieben«, betonte er. »1974 war die Hölle, es war furchtbar! . . . 1974 dauerte fast drei Jahre, etwas davon ging noch in '75 mit hinein, aber jetzt fühle ich mich wohl, ich schreibe wieder – und ich bin glücklich!«

John auf dem Dach des Dakota. Er hat eine Leidenschaft für Abzeichen und Cowboy-Stiefel, doch er glaubt, daß sein Image nun »ziemlich normal« ist. »Ich weiß nicht genau, was das Image ausmacht. Ich glaube, es wird irgendwie von selbst geschaffen. Ich versuche nicht, es zu überwinden. Ich habe beide Seiten mitgemacht. Besonders, wenn man das erste Geld bekommt. Ich hatte schon die dicksten Wagen, die es gibt, dabei mag ich Autos noch nicht einmal. Ich habe alles gekauft, was ich nur kaufen konnte. Das einzige, was ich nicht hatte, sind Yachten. Diese Zeit habe ich also durchlaufen, und danach kommt nichts mehr. Ich lebe jetzt so, wie es mir am bequemsten erscheint.«

John und Yoko treten zum ersten Mal seit ihrer einjährigen Trennung zur Grammy-Verleihung wieder gemeinsam vors Publikum. Unten von l. nach r.: David Bowie, Art Garfunkel, Paul Simon, Yoko, John und Aretha Franklin.

Der erste öffentliche Auftritt von John und Yoko nach ihrer Versöhnung fand anläßlich der Grammy-Verleihung statt. »Ich war froh, daß es eine große Angelegenheit war, die wir schnell hinter uns bringen konnten«, sagte John. »Wir hatten somit einen großen Rahmen, und brauchten nicht mehr all die Fragen über uns ergehen zu lassen. Es ging alles von selbst an die großen Zeitschriften und Zeitungen. Wir standen drin, und das war alles. Da gab's dann auch nichts mehr zu argwöhnen – ha, ha, es ist alles aus, und so. Es ist nur gut, daß man mich die ganze Zeit vorher nicht mehr zu Gesicht bekommen hatte. Es gab mal eine Zeit, da war ich fast ständig in irgendeiner Fernsehshow oder einer Zeitung. Die Leute haben sich dabei zu Tode gelangweilt, mich eingeschlossen. Dann die Zeit in Los Angeles, wo ich ständig betrunken war. Und so dachte ich mir, ich halte mich lieber etwas fern von allem . . . Zur Grammy-Verleihung wollte ich auf jeden Fall, damit sie sehen, daß ich nicht immer nur anomal und betrunken bin, und weil ich dort was sagen konnte. Ich schlug zwei Fliegen mit einer Klappe: a) Ich zeigte, daß ich auch manchmal nüchtern sein kann und b), daß ich wieder mit meiner Frau zusammen bin, und, soweit es mich betrifft, alles wieder beim alten ist . . . Wir wußten, daß wir eines Tages wieder zusammen sein würden. Es hätten auch zehn Jahre dazwischen sein können, es war Schicksal. Irgendwie sollten wir wieder zusammenkommen, wir wußten nur nicht, wann.«

Johns Kampf gegen seine Ausweisung wurde immer komplizierter, doch schließlich sah es so aus, als ob sich die Dinge zu seinen Gunsten entwickeln würden. In der Dezember-Ausgabe 1974 des Rolling Stone wurden alle Einzelheiten und Namen der an der Verschwörung gegen John beteiligten Personen enthüllt. Einige Monate vorher bat John Bezirksrichter Richard Owen, ihm die Angelegenheit mitteilen zu dürfen: »Ich bitte Sie in aller Höflichkeit, Recht ergehen zu lassen, indem Sie mir gestatten zu beweisen, daß in meinem Fall mit vorsätzlicher Diskriminierung vorgegangen worden ist; daß ungesetzliche Überwachungsmaßnahmen von seiten der Regierung stattfanden, und daß daher mein Fall, und die entsprechenden Anträge diesbezüglich, aus für mein Einwanderungsbegehren irrelevanten Gründen, behindert worden sind.«

Mit großer Aufregung wurde am 2. Januar 1975 verkündet, daß Richter Owen im Fall Lennon eine positive Entscheidung getroffen habe, und Johns Rechtsanwälten nun Zugang zu den entsprechenden Akten gewährt worden sei. Die Entscheidung sei »ein entscheidender Schritt vorwärts, der die Aussage meines Klienten bestätigt, nur aus Gründen seiner oppositionellen Einstellung gegenüber der Regierung gerichtlich verfolgt worden zu sein«, sagte Johns Rechtsanwalt Leon Wildes. Die Akten bestätigten alle schon vorher über diesen Fall durchgesickerten Informationen, und John erstattete somit Anzeige gegen den damaligen Kronanwalt John Mitchell und andere Regierungsbeamte vor dem Bundesgericht in Manhattan mit der Begründung, daß die gegen ihn vorgebrachten Gründe für seine Ausweisung unzulässig seien. Namentlich angeführt wurden noch der ehemalige Kronanwalt Richard Kleindienst sowie einige Beamte der INS-Einwanderungsbehörde.

Die Regierung schaltete sich wieder ein. Bundesanwalt Paul Curran informierte Richter Owen darüber, daß die INS »sich entschlossen habe, den Status des Klägers einer erneuten Überprüfung zu unterziehen. Dies bedeute aber nicht ein Zugeständnis inkorrekter oder unsachgemäßer Maßnahmen von seiten der Behörden . . .« Weiterhin, so teilte Curran mit, würde keiner der am Fall beteiligten Beamten der Einwanderungsbehörde zur Überprüfung herangezogen werden.

Yoko war seit Anfang des Jahres schwanger, und John war diesmal fest entschlossen, ihr soviel Ruhe wie möglich zukommen zu lassen, um die Gefahr einer erneuten Fehlgeburt von ihr abzuhalten. Sie war so schwach, daß schon die geringste Aufregung Komplikationen mit sich gebracht hätte, und so brachte John sie in einem nahe von New York gelegenen Landhaus unter und sagte alle Termine ab. Aufgrund von Yokos Schwangerschaft räumte die Einwanderungsbehörde gegen Ende September John in einem bürokratischen Balanceakt einen Sonderstatus ein, indem das Ausreisebegehren für die Zeit von Schwangerschaft und Geburt ausgesetzt wurde. Man würde nichts unternehmen, bis das Berufungsgericht, dem der Fall obliege, seine Entscheidung getroffen hätte.

Die Schlacht war plötzlich geschlagen, als am 7. Oktober 1975 das Berufungsgericht seine Entscheidung zur Ausweisung widerrief. Die Nachricht kam für John überraschend. Die Entscheidung des Gerichts zog sich über dreißig Seiten oftmals rührender Begründungen. Man urteilte nicht nur gegen das Einwanderungsbüro selbst, sondern man ging sogar so weit, John als Patrioten hinzustellen: »Wenn wir in den 200 Jahren unserer Unabhängigkeit uns in gewisser Weise auch unserer Ideale bewußt geworden sind, so liegt das zum größten Teil daran, daß wir jenen, die im Geist der Freiheit leben und handeln, Wohnstätte in unserem Land gegeben haben. Der vier Jahre andauernde Kampf Lennons, in unserem Land bleiben zu können, ist Beweis für seinen Glauben an den amerikanischen Traum.« So stand es in der 2:1-Entscheidung des Gerichts. Die Einwanderungsbehörden waren zwar der Ansicht, daß John durch seine Verurteilung in England wegen der Marihuanasache keinen Anspruch auf ständige Aufenthaltsgenehmigung habe, doch entschied das Berufungsgericht, daß nach amerikanischem Recht keine Rechtsgrundlage für den nach englischem Recht geltenden Anspruch auf Verfahrenseröffnung bestehe.

Zwei Tage nach der Gerichtsentscheidung, an Johns Geburtstag, wurde Sean Ono Lennon, ein gesunder Junge von 7 Pfund und 330 Gramm, im New-York-Hospital geboren. Für John und Yoko war dies nach all den unglücklichen Erfahrungen der Vergangenheit das Schönste, was ihnen passieren konnte. Sie hatten es sich beide schon so lange gewünscht, jetzt kam es ihnen wie ein Wunder vor. John sagte überschwenglich: *»I feel so high as the Empire State Building.«*

Zur Feier dieses Ereignisses gab John *Shaved Fish* heraus, eine Zusammenstellung seiner besten Stücke, die bis zum Jahre 1969 zurückreichen. Die Hälfte dieser Stücke war vorher nur als

Single erhältlich. Auf dieser Platte sind nun seine besten Aufnahmen zusammengetragen worden: von *Give Peace A Chance* über *Power To The People* bis *Woman Is The Nigger Of The World*, von *Imagine* bis *Mind Games* und *Whathever Gets You Thru The Night*, und aus der früheren Zeit *Cold Turkey* und *Instant Karma*.

In dieser Zeit haben John und Yoko mehr Zeit für sich selbst aufbringen können. Sie fasteten regelmäßig. Sie haben sich mit Erfolg das Rauchen abgewöhnt, und John schaffte es sogar, auf seinen Zucker zu verzichten. Er war gerne zu Hause und spielte den stolzen Vater, sah Sean beim Krabbeln zu und ging mit dem Kinderwagen im Central Park spazieren.

John hat noch immer Verbindungen zu damals. Sein Verhältnis zu Paul McCartney ist besser geworden als kurz nach ihrer Trennung: »Jedesmal, wenn er in New York ist, kommt er bei mir vorbei wie alle anderen Typen der Rock-'n'-Roll-Szene auch. Ich bin eben der in New York, und das finde ich gut. Aber dann kommen sie alle rüber, und ich soll ihnen dann alles zeigen. Ich weiß nie, was ich mit ihnen machen soll, aber im Grunde genommen wollen sie sich gar nicht nur amüsieren, sie wollen wie jeder andere auch einfach rumsitzen und reden. Wenn er also da ist, sehen wir uns auch. Wir setzen uns dann zusammen, trinken uns einen an und schwelgen in Erinnerungen!«

Auch versucht John, soviel Zeit wie nur möglich mit Julian, seinem Sohn aus erster Ehe, zu verbringen: »Ich habe ihn gerne um mich herum. Sehr oft sehe ich ihn nicht, nur in den Schulferien. Und gewöhnlich sprechen wir einmal in der Woche am Telefon zusammen. Ich kann nicht nach England kommen, so kommt er zu mir. Ich hatte mal eine Zeit, da fragte ich mich jedesmal, was wir zusammen machen könnten, doch dann war ich einfach nur froh, ihn um mich herum zu haben. Ich fand bald heraus, daß er an allem Spaß hatte, was ich auch wollte, ob es nun das Studio oder Disneyland war!«

John denkt, daß es fürchterlich für ihn sein muß, John Lennon als Vater zu haben. »Er ist ein Beatle-Fan, doch ich glaube, er mag Paul mehr als mich. Er ist ein aufgeweckter Junge, und er in-

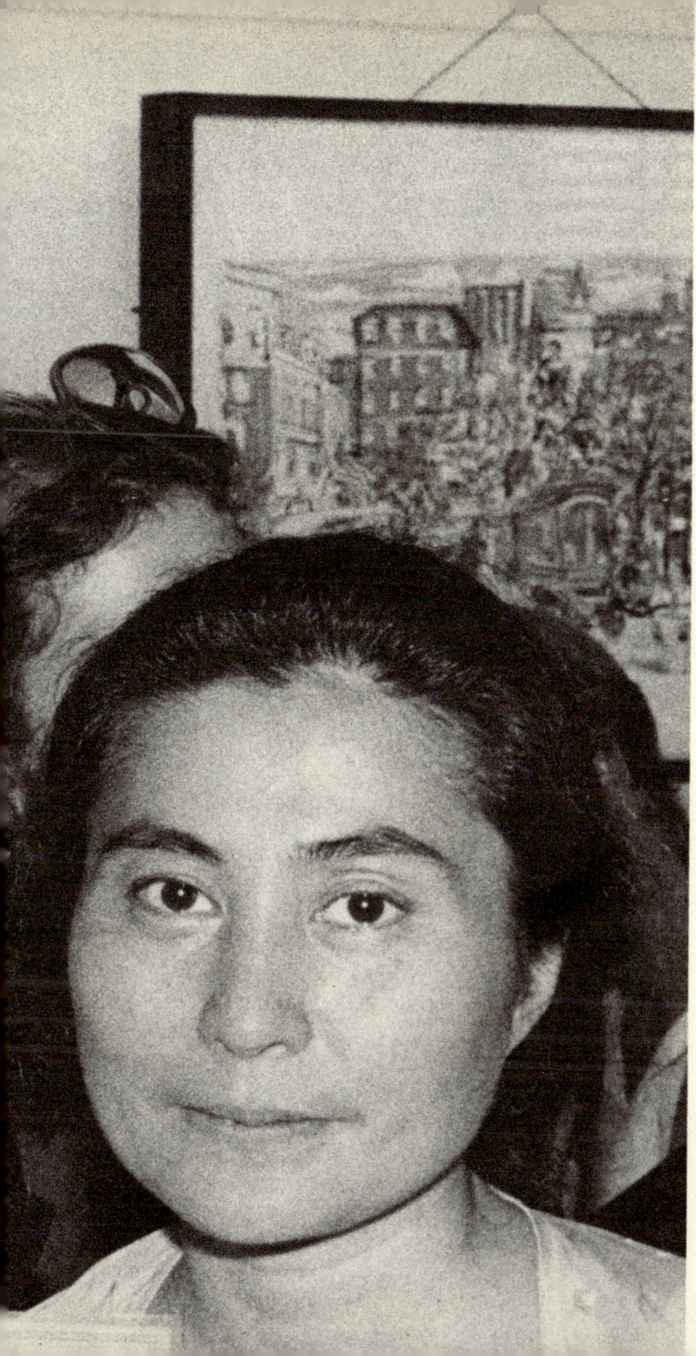

teressiert sich für Musik – ohne mein Zutun. Er hat schon eine Band in der Schule. Es ist peinlich – sie singen alte Rock-'n'-Roll-Songs, weil ihr Lehrer in meinem Alter ist. Er macht mich sogar auf neue Gruppen aufmerksam! Ich rufe ihn an und sage ›hast du schon die Sparks gesehen? Die haben einen Hitler am Klavier sitzen‹, und er sagt ›nein, sie sind gut, aber hast du die Queen gesehen?‹ Seine Altersgruppe hat eben eine andere Einstellung zur Musik.«

Johns Bemühungen um Aufenthaltsbewilligung kamen am 27. Juli 1976 nach einer Anhörung durch Einwanderungsrichter Ira Fieldsteel zu einem positiven Ende. In der einstündigen Sitzung wurden auch Personen vernommen, die zur Bestätigung seiner persönlichen Integrität gekommen waren. Es waren Gloria Swanson, Norman Mailer, Geraldo Rivera und der Bildhauer Isamu Noguchi, und alle beschrieben ihn als den großzügig und sozial eingestellten Menschen und bedeutsamen Künstler, den es jetzt in der amerikanischen Musikszene willkommen zu heißen gelte. Der Rechtsanwalt des Einwanderungsbüros sagte, daß die Regierung keine Einwände mehr gegen Johns Verbleiben im Lande habe, und Mr. Fieldsteel händigte ihm die langersehnte grüne Karte aus – No. A 17-597-321. »Es ist herrlich, wieder legal hier sein zu dürfen«, sagte John erleichtert, nahm Yoko in die Arme und küßte sie.

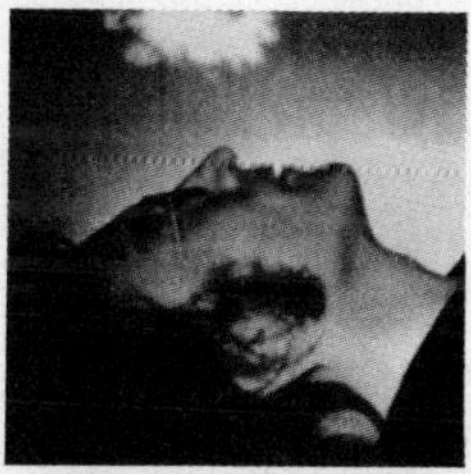

DER MAGIER

DER NAIVE MUSIKER

»Als ich zum ersten Mal Musik hörte, war ich wie erstarrt. Ich wußte noch nicht einmal warum. Ich war vollkommen hypnotisiert... Mit dem Rock n' Roll hat dann alles angefangen. Als ich ihn zum ersten Mal hörte, ließ ich alles andere stehen und liegen.« (John Lennon, 1974)

Eines Morgens wachte John in heller Aufregung auf und schrie wie ein Kind: er hatte ein neues, phantastisches Stück im Kopf. Während ich oben beim Frühstück saß, war er noch immer völlig darin versunken, und dann kamen auch schon die ersten Textstücke: *Instant Karma's gonna knock you right on the head, get yourself together you're gonna be dead.*

Er sah mich mit seinem gewohnten Zwinkern in den Augen an, ein glücklicher und zufriedener Blick, den er immer dann in die Augen bekam, wenn er kreativ wurde. Bevor ich überhaupt dazu kam, das Frühstückstablett vor ihn hinzustellen, sprang er schon aus dem Bett, zog den weißen Bademantel an und stürmte hinunter in die Küche zum Klavier. Dort sang er sich immer wieder die gleiche Melodie vor und hämmerte dazu die verschiedensten Akkorde, um die richtige Begleitlage herauszufinden. Fast auf der Stelle nahm das Lied Gestalt an, die Musik floß nur so aus ihm heraus, während er auf ein kleines Blatt Papier den Text kritzelte. Von allen Küchenwänden hallte die Botschaft, als er seine Stimme zum Crescendo erhob: *Why are we here? . . . not to live in pain and fear, you're ev'rywhere – get your share.*

Nachdem er eine halbe Stunde lang Tee schlürfend über seinem Lied verbracht hatte, entschloß er sich, es sofort im Studio aufzunehmen. Er war ungeduldig und drängte: »Los, wir gehen!« rief er, als er die Treppe hochlief, um sich umzuziehen und Yoko noch einmal Bescheid zu sagen. Ich bat Les, in fünf Minuten mit dem Wagen vorzufahren.

John lehnte sich im Fond des Mercedes bequem zurück und

dachte darüber nach, wie *Instant Karma* klingen würde und welcher Text am besten passen könnte. Er wollte einen ganz simplen Rock-'n'-Roll-Sound, der gut im Radio kam. Plötzlich hatte er eine Idee: »Spector! Wir nehmen Phil Spector für die Aufnahme, er bringt den richtigen Sound rein!« (Allen Klein hatte Spector nach London geholt in der Hoffnung, daß er die Beatles »produzieren« könnte. Als Probestücke hatten sie ihm die vollkommen wirren Aufnahmen der *Let-It-Be*-Bänder gegeben, damit er eine Platte daraus machen sollte.)

Als wir uns den Londoner Außenbezirken näherten, fiel John ein, daß im Apple-Büro kein Klavier vorhanden war, er aber ganz dringend für den Rest des Stückes eins brauche. »Wenn wir in die Stadt kommen, nehmen wir uns einfach eins mit«, sagte er und gab Les den Auftrag, vor einem der großen Musikläden anzuhalten. Wir hielten nicht weit vom Apple-Büro entfernt vor Imhoff. John starrte ein paar Sekunden vom Wagenfenster in die Auslagen, entschied sich für das bestaussehendste Piano in der vordersten Reihe und gab Les Anweisung, hineinzugehen, zu kaufen und es so schnell wie möglich an Apple liefern zu lassen.

Wir rannten die Stufen hoch, vorbei an den Apple-Belagerern und hinein ins Büro. John und Yoko setzten sich hinter ihren Schreibtisch. Yoko öffnete die Post, während ich in der Zeit in der Küche herumschwirrte und nach Tee und Gemüse suchte. John konnte an nichts anderes mehr, als an das neue Stück denken und überlegte nun, welche Musiker er dafür nehmen sollte. Er bat mich, ihn beim E.M.I.-Studio für die Zeit nach sechs Uhr anzumelden und Phil Spector, Klaus Voormann und Alan White aufzutreiben. Spector war leicht zu finden. Er befand sich gerade in seiner Suite im Hotel Inn on the Park, und die anderen hatte man mit ein paar Telefongesprächen bald an der Hand.

Ein paar Augenblicke später sah ich durch die Doppelspiegel der Bürotür, wie gerade das Klavier in die Empfangshalle hereingerollt wurde. Ein Beatle wirkt doch wirklich Wunder, dachte ich bei mir. John konnte es kaum noch abwarten, sich daranzusetzen. Kaum stand das Piano an der richtigen Stelle, drehte sich John auch schon den grünen Plüschschemel hoch, machte sich an den schon fast fertiggestellten Refrain heran und sang ihn einige Male durch, um das richtige Tempo zu finden: *We all shine on like the moon and the stars and the sun, we all shine on, on and on!*

Phil Spector, ein Bündel an Energie, kam sofort mit seinen beiden Leibwächtern hereingestürmt. Er schien leicht nervös. John bat ihn daher sofort ans Klavier und stellte ihm das Stück vor. Man war sich auf der Stelle einig; Spector verstand genau, wie John es haben wollte. George Harrison kam zwischendurch immer wieder mal herein, so daß er sich im Vorübergehen noch das Stück anhören konnte, etwas von der aufregenden Atmosphäre um John und Phil mitbekam, und seine Zustimmung gab, später bei der Aufnahme mitzuspielen.

Gegen sieben Uhr abends waren dann alle im E.M.I.-Studio versammelt. Kevin und Mal, die »Roadies«, hatten schon alle Mikrophone und Instrumente aufstellen lassen. Spector rannte wie wild herum und fingerte an den Knöpfen des Mischpultes. John rief ungeduldig: »O.K. *Instant Karma*, erste Aufnahme!«

Nachdem John nach ein paar Stunden die Instrumentierung herausgearbeitet hatte, die einzelnen Stimmen ausprobiert und einigen Playbacks zugehört hatte, entschloß er sich für einen großen Chor zum Refrain. Es war schon spät. Um zu dieser Nachtzeit noch ein paar Stimmen aufzutreiben, schickte er Kevin und Mel in den nächsten Nachtklub, um dort alles aufzusammeln, was Lust und Laune hatte mitzusingen. Sie kamen mit einem bunt zusammengewürfelten Haufen junger Leute zurück, die sie im »Speakeasy« aufgetrieben hatten. John selbst spielte den Chorleiter und Dirigenten.

John war jetzt fertig zum Einsatz. Begleitet vom harten Beat des Schlagzeugers Alan White gab er eine hervorragende Interpretation seines Stückes. Sein vor nicht allzu langer Zeit in Dänemark kurzgeschnittenes Haar stand ihm gut. Ich dachte an das Peace-Festival, das ins Wasser gefallen war, und an die verrückte Zeit kurz davor . . . er war wie ausgewechselt.

Nachdem noch ein paar Aufnahmen mit dem »Chor«, an dem sich inzwischen jeder beteiligte, der kein Instrument bediente, durchgezogen worden waren, hatten John und Spector den Eindruck, daß die Sache nun »im Kasten« sei.

John war anschließend physisch und geistig ausgelaugt, der Gedanke aber, in weniger als zwölf Stunden sein Stück auf Platte umgesetzt zu haben, verbreitete in ihm ein Hochgefühl. Aber das war typisch für seine Art zu arbeiten. Für ihn gab es nur die eine Möglichkeit: alles, was er tat, mit unerschöpflicher Energie zu Ende zu bringen. Umgekehrt kann diese Energie auch mit einem Schlag nachlassen; auch das ist Bestandteil seines Lebensrhythmus. Dieser Instinkt für die richtige Zeit, seine Fähigkeit, genau zu erkennen, wann abgewartet werden muß, wann eine Sache durchzuziehen ist, und wann man aufgeben sollte, gehört zu seinen hervorragendsten Eigenschaften.

Mit *Instant Karma*, die eine Woche nach der Aufnahmesitzung im Februar 1970 herauskam, und *Cold Turkey*, der davor erschienenen Single der Plastic Ono Band, begann für John eine Entwicklung, die ihn von den Beatles immer weiter entfernte. Für ihn bedeuteten diese Stücke eine Rückkehr zu den Wurzeln seiner frühesten musikalischen Empfindungen. Ein wahrer Energieausbruch ist auf *Cold Turkey* spürbar, das mit so viel Nachdruck und Kraft in der Stimme vorgetragen wird, als ob diese nach jahrelanger Unterdrückung sich jetzt endlich in den fünf Minuten befreien wollte. Das Stück ist von seiner Struktur her einfach und ursprünglich. Es weist zurück in die Anfangszeit seiner Karriere, als die Beatles noch nicht gegründet waren, in die Zeit des »Primitive Rock 'n' Roll«.

»Als Kind habe ich ständig Musik gemacht, und benutzte dazu alles, was mir in die Finger kam: Mundharmonikas, Akkordeons und Pianos. Dabei imitierte ich irgendwelche anderen Leute. Rock 'n' Roll war schließlich der Auslöser, und ich wollte von nichts anderem mehr wissen. Diese Musik spricht den Instinkt an, weil sie nicht durch den Kopf geht, sondern durch den ganzen Körper!«

John hat eine für den Rock 'n' Roll ungeheuer vorteilhafte Stimme – rauh, aggressiv, ungeschliffen und hart. Seit der Cavern-Club-Zeit mit *Twist and Shout* und *Money* waren harte Rockstücke schon immer seine starke Seite gewesen. Durch die vielen Jahre, die er mit den Beatles im Studio verbrachte, kam es leider nicht mehr zu den spontanen Live-Vorstellungen von damals: »Vor George oder Paul zu singen, hatte ich Hemmungen. Wir kannten uns zu gut . . . ›Oh! Er versucht Elvis nachzuahmen, oder oh! Jetzt macht er dies, oder jenes.‹ Wir haben uns gegenseitig sehr gehemmt, weil wir uns überkritisch gegenüberstanden.«

Mit Yokos Hilfe und durch ihr Beispiel wurden diese Hemmungen weggefegt. Ihre avantgardistische Stimmtechnik übte einen starken Einfluß auf ihn aus. Er war fasziniert von ihrer Fähigkeit, ihre Stimmbänder wie ein Instrument zu benutzen. In *Cold Turkey* sind es sein lockerer Gesangsstil und der prägnante

Text, die dieses Stück so kraftvoll erscheinen lassen. Und auf seinem ersten Solo-Album konnte er diese wiederentdeckte Stimmfreiheit in der traumatisch-schmerzhaften Thematik der Stücke zum Einsatz bringen.

»Im Grunde genommen bin ich das, was ich selbst als primitiven Musiker bezeichnen würde«, sagte John, »das bedeutet, mir fehlt die klassische Ausbildung am Instrument. Ich habe es nur für meine eigenen Zwecke genutzt, nur soweit, um mich damit ausdrücken zu können . . . Das bedeutet für mich primitiv. Wie bei den primitiven Malern. Und so sehe ich auch meine Stücke und meine Musik.«

Die Wurzeln liegen sicher auch in Johns Psyche. Dieses Primitive, Urwüchsige bei John resultiert vielleicht aus den Schmerzen und der Einsamkeit seiner Kindheit und dem daraus entstandenen starken Drang, sich artikulieren zu müssen. Seine natürliche Sehnsucht nach Liebe und Kameradschaft blieb unerfüllt und wurde zu einem ständigen Bedürfnis, was sich nur wieder in seiner Musik Luft machen konnte. Durch seine Offenheit, sein starkes Verlangen, sich anzuvertrauen, sich anderen zu öffnen, und seine reiche Gedankenwelt, schuf er sich einen Stil, der ehrlich und direkt, lebendig und voller Wirkungskraft ist. Durch seine große Fähigkeit, sich mitzuteilen, schaffte er es, Bitterkeit und Frustrationen zu überleben.

In Anlehnung an die ursprüngliche Malerei sagte John in »Lennon Remembers«: »Ich möchte mich selbst so ausdrücken können wie van Gogh es zum Beispiel in seiner Malerei getan hat. Es muß den Leuten etwas sagen, egal in welchem Land sie leben, welche Sprache sie sprechen oder in welchem Zeitabschnitt der Geschichte sie sich gerade befinden.«

Beide, Lennon und van Gogh, schaffen aus eigenen Vorstellungen heraus: Van Gogh sagte im Jahre 1885, daß »die wahren Künstler nicht aufgrund trockener Analyse das malen, was sie sehen, sondern sie malen die Dinge so, wie *sie selbst* sie sehen.« So ist auch das Wesen von Johns Musik nicht durch analytische Kenntnisse über die Musik, sondern rein durch seine Gefühle und seinen Instinkt bestimmt.

Der Künstler muß immer wieder feststellen, daß er trotz allem schließlich doch auf sich selbst und seine eigene Welt zurückgreifen muß. Salvador Dali sprach von der Manie der Besessenheit, daß nur der wirklich besessene Künstler der wahre Künstler ist; derjenige, der von etwas in Besitz genommen wird, das größer ist als er selbst. Dali stellt uns den Spuk surrealer Bilder vor; John transponiert urwüchsigen Klang und ambivalente Botschaften in unser Unterbewußtsein.

Johns magische Ausstrahlungskraft und seine (nicht ausschließlich musikalischen) Metamorphosen sind ein Phänomen, das mich ständig in Erstaunen versetzt. Ein Beispiel war die Entwicklung von *Instant Karma*. Ständig im Gedächtnis bleiben wird mir auch das Rock-'n'-Roll-Revival-Konzert in Toronto. Ich sah dort einen Mann, weinend, händeringend und zitternd vor Furcht – bis er die Bühne betrat und eine grandiose Vorstellung gab.

Für Johns Werdegang war seine Fähigkeit, aus dem Schmerz heraus kreativ zu werden, maßgeblich. Seine nie enden wollenden Probleme im Leben gehen mit der Willenskraft zusammen, in der Musik die verschiedenen Aspekte seiner Persönlichkeit zu vereinen. In seinem Album *Mind Games* beschreibt er in *Intuition*, wie die Musik ihm den Weg weist, wenn ihn nachts die Probleme überkommen wollen. In »*9 Dream*« besingt er die Musik, die ihn gefangennimmt. Johns Konfrontation mit dem Schmerz und die Entschlossenheit, mit der er ihn angeht, fordert uns heraus und verlangt nach einer Antwort. Zeilen wie *Please help me, I'm drowning in a sea of hatred* . . . sind nur schwer zu ignorieren.

Johns Welt ist niemals statisch. Aus seinem sich ständig verändernden Innenleben entwickelt sich erst das so ungemein wichtige Wachstum, das letzten Endes den Künstler ausmacht. In Johns Musik spiegelt sich sein Suchen. Seine Stücke sind »Barometer« seines Lebens.

Aus seiner Liebe zu Yoko filtert er das Wesen dieser Beziehung in viele seiner melodisch-eindrucksvollen Liebeslieder, die von dem üblichen Katalog seiner Stücke weit entfernt sind. John kann instinktiv Stücke komponieren, die an Liebe und Erfüllung denken lassen, doch ebensohäufig findet man den Schmerz in seinen Themen. Gegensätzlichkeiten hat er schon immer in sich beherbergt. Diese Fähigkeit, zwei gegensätzliche Haltungen nebeneinander bestehen zu lassen, gibt seinem Werk jene Festigkeit und Unberechenbarkeit zugleich, die man so oft in seinen Liedern spürt.

»Rock-'n'-Roll-Musik geht nicht durch den Kopf; sie geht durch den ganzen Körper«, sagte John, »Rock 'n' Roll geht sofort ins Blut.«

DER DICHTER UND MALER

IN SEINER EIGENEN SCHREIBE

In der Nacht des 18. Juni 1968 regnete es. Als das Taxi mit quietschenden Reifen vor dem National-Theater zum Stehen kam, sah ich die Mitglieder der besten Londoner Gesellschaft schon auf den Eingang zuflüchten, ganze Schwärme strömten aus den Rolls-Royces oder Bentleys, um die Sonderaufführung des Schauspiels »In His Own Write« anzusehen. Das Stück basierte auf zwei von John geschriebenen Büchern, eins mit dem gleichen Titel wie das Stück selbst, das andere hatte den Titel »Spaniard in the Works«. Ursprünglich war es eine Bühnenbearbeitung der amerikanischen Bühnenschriftstellerin Adrienne Kennedy und des Schauspielers Victor Spinetti, welche im vorangegangenen Sommer unter dem Titel »Act 1, Scene 3« auf einer Sonntagabendvorstellung für experimentelles Theater im National-Theater gezeigt wurde. Sir Laurence Olivier hatte es so gut gefallen, daß er dafür sorgte, daß dieses Stück schließlich ins Theaterrepertoire aufgenommen wurde.

Wie vorherzusehen war, wurde es erst einmal von der Zensur (in Person des Lord Chamberlain) gekürzt. Alle zweifelhaften Stellen durften zwar gelesen, aber nicht aufgeführt werden. So wurde zum Beispiel eine Stelle gestrichen, wo ein Fernsehpastor in seinem Abschlußwort anstatt den Allmächtigen Gott, den Allmächtigen »Pott« anzurufen beliebte. Was vom Stück letztendlich übrigblieb, stürzte die Kritiker in nicht geringe Verzweiflung.

Es folgten Anspielungen auf Pregnant de Gaulle, Sir Alice Doubtless-Whom oder Fred Astaire. Die Hauptfigur war ein junger Mann namens »Ich«, geboren, wie John, am 9. Oktober 1940. Seine Familie hockt, wie hypnotisiert, vor dem flimmernden Fernsehbild. Radio und Comics tragen ihn in eine Phantasiewelt, in den Dschungel und zu Sherlock Holmes. Schulausflüge zu unverständlichen Shakespeare-Aufführungen, riesige Cowboys auf der Kinoleinwand, das Geschnattere in der Kirche und die leeren Diskussionen am nächtlichen Bildschirm wirken auf »Ich« ein. »Ich« versetzt das alles in Verwunderung, und er lacht heimlich in sich hinein – der ewige Außenseiter.

Zur Erstaufführung erschien John mit Yoko. Sie kamen fünfzehn Minuten zu spät, das Publikum raunte. Nach der Aufführung wurden sie von Reportern und Kameraleuten umringt, die jedoch nur an der Beantwortung der einen Frage interessiert waren: »Wo ist Ihre Frau?« Kein Wort über seine Arbeit oder das Theaterstück. Es war damals sein erster öffentlicher Auftritt mit Yoko, den die Presse am nächsten Tag schon auf den Titelseiten abkanzelte.

John hält in »In His Own Write« dem Leben in unserer Zeit einen Zerrspiegel vor. Es ist der Ulk eines verzweifelten und origi-

John und Yoko kommen zur Eröffnungsvorstellung von Johns »In His Own Write«, das vom National-Theater produziert wurde. Tag der Eröffnungsvorstellung war der 18. Juni 1968.

nellen Geistes, der insgeheim davon überzeugt ist, daß es nichts mehr gibt, worüber man noch lachen könnte. »Ich war gelangweilt, als die Widerlinge uns immer weiter hochtreiben wollten.« Er weigert sich, die geschniegelte Sprache einer selbstgefälligen Erwachsenenwelt zu übernehmen und demonstriert seine sich steigernde Bitterkeit. Das Stück sollte die fürchterlichen Frustrationen des Erwachsenwerdens deutlich machen, wenn sich alles mögliche in deinem Kopf abspielt, und niemand da ist, der es dir erklären könnte. Hart greift er den Einfluß von Radio, Fernsehen und Presse an, indem er beklagt, daß wir diese Gehirnwäsche schon durchmachen mußten, bevor wir überhaupt richtig ins Leben entlassen wurden.

Im Stück zeigt sich der Wunsch, sich die Unschuld und Träume der Kindheit zu bewahren. Worte werden zur Waffe gegenüber einer feindseligen Welt. Beides, die Ablehnung der Erwachsenenwelt und die Flucht in die eigene Welt, findet sich in einer individuellen Sprache, die ihren Ursprung in Johns früheren Gedichten und Zeichnungen hat. In den beiden Büchern kommen ständig vierbeinige Gestalten vor. Schafe, Katzen, Kühe, und ein Sherlock Holmes auf den Knien. In seinem ersten Buch gibt es einen riesengroßen Kampfhund (»Aber wer wollte gegen dieses erhabene Tier antreten? Ich nicht, und wenn damit alles wieder von vorne anfangen würde«), und ein Stück mit Namen Liddypool, begleitet von einem Sketch zwischen Vierfüßlern. Tiere und krumme Typen haben noch eine gewisse Würde in ihrer Komik, während auf allen vieren kriechende Erwachsene einfach lächerlich und viel zu groß wirken.

Docker Adenoid kommt hier mit Harassed MacMillion, ein besonderer Tag ist der »Rote-Salat-Tag«. Die ganze Welt schrumpft zur Nonsens-Welt eines Kinderbuches. Die darin enthaltene sogenannte Moral ist böse. Eric Hearble, der ein Gewächs am Kopf hat, verliert seinen Job, Spastikern das Tanzen beizubringen (»›Wir können keine Krüppel im Unterricht gebrauchen‹, sagte der Direktor«) Randolph, der Weihnachten allein zu Hause verbringen mußte, wird von seinen Kameraden niedergemetzelt – »so ist er wenigstens nicht allein *gestorben*, nicht wahr?«

Das war Johns ganz private Reaktion auf die Gesellschaft, in die er hineingeboren worden war. Das Stück wurde von den Kritikern der Boulevardpresse als der »größte Mist des Jahrhunderts« abqualifiziert. Sie hatten die schmerzhafte Bedeutung des ganzen Stückes oder seiner Bücher vollkommen mißverstanden.

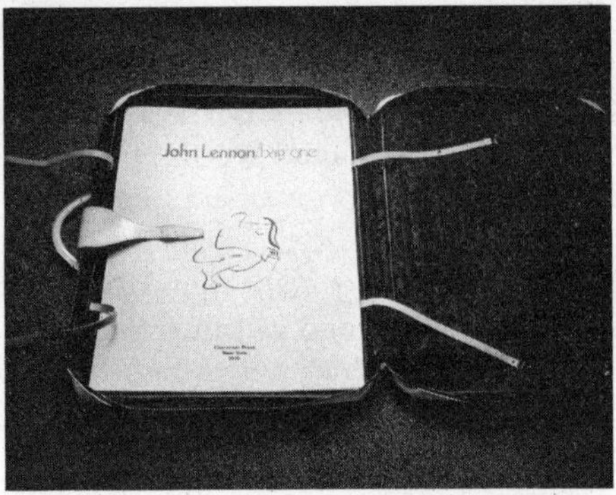

DIE EROTISCHEN LITHOGRAPHIEN

»Zu Beginn des Jahres hat es zwischen uns (den Beatles) ein paar unangenehme Szenen gegeben; jetzt aber wollen wir uns selbst verwirklichen und alles Neue in uns aufnehmen. Ich werde vielleicht wieder malen oder zeichnen. Man darf nicht stehenbleiben. Ich glaube, ich trete schon etwas zu lange auf der Stelle.« (John Lennon, 1969)

John konnte ohne weiteres behaupten, allem Neuen aufgeschlossen gegenüberzustehen, aber neue Projekte anzupacken und dann auch durchzuführen, war eine andere Sache. Als ich 1968 den Vorschlag mit den Lithographien machte, konnten weder er noch ich selbst ahnen, daß sich daraus eine so große Sache entwickeln würde. Es dauerte über ein Jahr, bis die erste Sammlung fertiggestellt und veröffentlicht wurde. Eine zweite Sammlung, auf der Grundlage chinesischer »I-Ching«-Schriftzeichen, wurde niemals fertiggestellt.

Nach der Eichel-Aktion in Coventry blieb ich mit John und Yoko in Verbindung. Meine ersten Versuche, John für die Lithographie zu interessieren, waren wenig erfolgreich. Sich hinzusetzen und Cartoons zu zeichnen, fiel ihm nicht schwer, aber Lithographien . . . Seine starke Seite war die schnell hingeworfene Zeichnung, weil das seiner impulsiven Kreativität am meisten entsprach. Er mochte es, seine Ideen so schnell wie möglich und ohne große Umschweife aufs Papier zu bringen. Oft hatte er so viele Ideen auf einmal, daß er sie so schnell gar nicht aufs Papier bringen konnte.

John war schon weniger abgeneigt, als ich ihm mit Hilfe des Herausgebers Ed Newman und des Curwen-Studios eine vereinfachte Methode zur Lithoherstellung vorstellen konnte. Anstelle des komplizierten Verfahrens über Steinblöcke oder Zinkplatten konnte man nun speziell behandeltes »Lithopapier« verwenden. Ich schickte ihm dieses Papier zusammen mit einer

Anzahl geeigneter Bürsten, Lithofarben und Stiften direkt ins Haus. Er konnte also in gewohnter Weise weiterarbeiten. Die Abbildungen würden dann später durch ein bestimmtes technisches Verfahren auf sensibilisierte Zinkplatten übertragen und dann auf die übliche Weise als Lithographien gedruckt.

Nachdem John das Material erhalten hatte, hörte man drei oder vier Monate lang nichts mehr von ihm. Ich hatte schon aufgegeben und war sicher, daß es irgendwo herumlag und in Vergessenheit geraten war. Doch einige Wochen nachdem John und Yoko von ihrer Hochzeit und dem Bed-in in Amsterdam wieder zurück waren, rief mich Yoko an. John hätte das Lithopapier mitgenommen, ein paar Zeichnungen von der Hochzeit und den Flitterwochen gemacht, und sei nun neugierig, wie sie als Lithographien aussehen würden.

Die Bildersammlung, die ich später bei John abholte, war ein wahres Potpourri aus Malereien, Tuschezeichnungen, Cartoons und Skizzen. Hauptgegenstand war Yoko, in vielen Porträts und Aktzeichnungen. Es gab auch einige Tuschezeichnungen, die bestimmte Ereignisse wiedergeben, so zum Beispiel ihre Trauung, ein Gang durch Paris oder eine impressionistische Wiedergabe des Bed-in. Ed Newman und ich suchten uns vier Blätter aus, um John ein gutes Bild über die Vielseitigkeit der Übertragungsmöglichkeiten vom Lithopapier zur eigentlichen Lithographie vermitteln zu können.

Zu dieser Zeit nahm ich meine Arbeit im Apple-Büro auf. Die Friedenskampagne lief gerade auf vollen Touren, John steckte bis zum Hals in Arbeit. Es dauerte mehrere Monate, bis endlich ein Treffen mit Ed Newman arrangiert werden konnte, um die vier Lithographien vorzulegen. Ed kam ins Büro und breitete die Lithographien sorgfältig auf John und Yokos Schreibtisch aus. John war begeistert wie ein Kind, rief ah! und oh! und war kaum noch zu halten. Seine Zeichnungen nun in dieser Form, original gedruckt auf dickem Büttenpapier zu sehen, schien ihn vollkommen überzeugt zu haben. Auch Yoko freute sich mit John und beobachtete ihn in seiner Überschwenglichkeit mit einer Art mütterlichen Stolzes.

Bevor ich Paris verließ, traf ich mich mit Salvador Dali, der mit John unbedingt ein gemeinsames Projekt verwirklichen wollte. (Dali hatte schon viele Versuche unternommen, mit John zusammenzukommen, doch John schien nie interessiert.) Dali ist eine faszinierende Persönlichkeit. Es war völlig sinnlos, seiner Rede überhaupt folgen zu wollen; er sprach eine Mischung aus Spanisch, Französisch und Englisch, und was dabei herauskam war – ich glaube, es war seine Absicht – völlig unverständlich. Sein Butler brachte uns Tee, und gegen Ende der »Audienz« machte er sich noch an ein Werk, das ich John mitbringen sollte. Indem er alles benutzte, was ihm gerade zur Hand war – Blumen, Servietten, Make-up –, entwarf er einen surrealen Strauß mit einem eigenartigen Gesicht obenauf. Zum Schluß drückte er eine Tube flüssiger Goldfarbe aus, schrieb ein paar Zeilen an John und unterzeichnete mit großem Schnörkel. Beim Verlassen seiner Suite im Hotel Meurice habe ich mir die Frage gestellt, woher jemand in seinem Alter noch so viel Energie nimmt.

Die beiden Probedrucke von Crommylyncks (in Sepiabraun) waren von einzigartiger Qualität. Der Haken jedoch war die Zeit. Vor sechs Monaten könnte man wegen Picasso nicht anfangen. Das war einfach zu lang. So entschlossen wir uns, das Curwen-Studio mit dem Druck zu beauftragen. Sie hatten schon von den ersten vier Zeichnungen Probeabzüge gemacht, und das Atelier war bei weitem das beste in London.

John nahm großen Anteil an der Herstellung der Lithographien und besuchte das Curwen-Studio, um alles genau beobachten zu können. Im Studio entwarf er das Deckblatt, eine einfache Skizze, auf der er auf dem Boden hockt und Yoko in seinen Armen hält. Er zog es sofort auf die Zinkplatte. John war von den riesigen Heidelberg-Pressen stark beeindruckt und sah aufmerksam zu, wie eine seiner eigenen Platten in Arbeit genommen wurde. Er hatte ein langes Gedicht (in Anlehnung an das Alphabet) geschrieben, das er nun als Vorwort zum Deckblatt abziehen ließ. Damit stieg die Anzahl der Blätter auf vierzehn, die Auflage wurde limitiert auf dreihundert Mappen.

Um dem ganzen Projekt auch nach außen eine gewisse Einheit

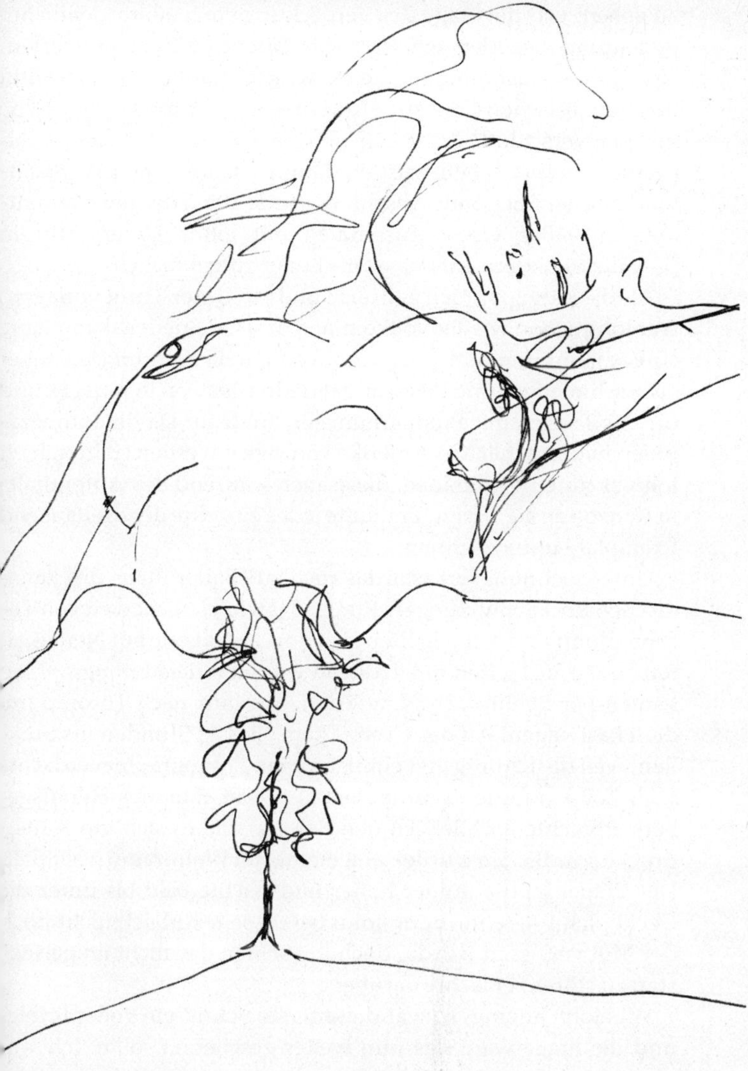

zu geben, war die Frage der Verpackung von außerordentlicher Bedeutung. Die Idee, eine spezielle Tasche dafür zu entwerfen, fand Johns Zustimmung. Ed Newman beauftragte daraufhin den französischen Couturier Ted Lapidus, eine modische Tasche mit Reißverschluß, Tragegriff und Schloß zu entwerfen. Dreihundert Ledertaschen wurden dann in italienischen Werkstätten handgenäht. Zum Abschluß wurde der Titel der Gesamtkreation, »Bag One«, zusammen mit Johns Unterschrift in schwarzen Lettern auf das weiße Leder aufgebracht.

Als die Lithographien gedruckt und zur Unterschrift vorlagen, war John schon wieder vollkommen in seine Friedenskampagne eingespannt und hatte nur noch wenig freie Zeit. Im Dezember 1969 schmiedeten sie Pläne zum Friedensfestival in Kanada und für das Treffen mit Premierminister Trudeau. Da die Lithographien hauptsächlich in Amerika vertrieben werden sollten, hielt John es für eine gute Idee, diese auch während des Aufenthalts in Kanada zu signieren. Er mußte jedes einzelne der dreitausend Exemplare unterzeichnen.

Unterzeichnungsort war das rustikale Bauernhaus des kanadischen Rockabilly-Sängers Ronnie Hawkins, nicht weit von Toronto. John und Yoko hielten sich dort auf, als sie auf Neuigkeiten zu ihrem Treffen mit Trudeau warteten. Die Lithographien kamen per Schiff nach New York, von dort nach Toronto mit dem Lastwagen. An der Grenze kam alles 24 Stunden ins Stokken, weil die Ladung erst einmal wegen Pornographieverdachts vom Zoll konfisziert wurde. Die Rechtsanwälte des Herausgebers erbrachten schließlich den Beweis, daß es sich um Kunstdrucke handle. Sie wurden erst einmal im Wohnraum gestapelt. Der Stapel wurde immer höher und reichte bald bis unter die Decke. Ich fragte mich, ob John bei diesem Anblick nicht doch der Mut verlassen würde, doch ihn schien das nicht im geringsten zu stören, er lachte darüber.

Was John anging, so war dieser erste Schritt ein voller Erfolg und die Frage war, was nun weiter geschehen sollte. Ich war neugierig, ob er eine ganze Sammlung veröffentlichen würde und was darin enthalten sein sollte. Nach ein paar Minuten hatte er seine Entscheidung getroffen – ja, er wollte seine Lithographien auch veröffentlichen, und hätte auch schon einen Titel für die Sammlung: »Bag One«. Er erklärte, daß er noch mehr Zeichnungen von Yoko anfertigen wolle, so daß die Sammlung dann hauptsächlich Zeichnungen mit ihr enthalten würde. Ed Newman kam dann auf den geschäftlichen Teil der Angelegenheit zu sprechen. Man einigte sich, daß er Teilhaber von John und Yokos Gesellschaft »Bag Productions« sein würde. Newman sollte sich dabei hauptsächlich um Organisation und Vertrieb kümmern, da seine New Yorker Partner, die Consolidated Fine Arts, eine der größten Lithographiehändler der Vereinigten Staaten waren. Newman selbst hatte durch seine Arbeit mit Künstlern, wie Man Ray, Salvador Dali, Henry Moore und anderen prominenten Künstlern, in Europa einen ausgezeichneten Ruf. Zum Schluß der Verhandlungen einigte man sich darauf, daß John so bald wie möglich mit der neuen Lithoserie beginnen sollte.

Aber die Euphorie des Augenblicks verflog schnell, und die Lithographien standen nicht mehr im Vordergrund. Ein ereignisreicher Sommer 1969 ging vorüber. Im September setzte sich John zwar wieder an die Arbeit, aber man erfuhr kaum etwas von ihm. Eine Aura von Verschwiegenheit lag über dem Projekt, genauso wie damals bei der Eichel-Aktion. Doch als ich die Zeichnungen schließlich zu Gesicht bekam, wurde mir klar, warum er so lange gezögert hatte. Es waren ausgesprochen intime Zeichnungen, auf denen John und Yoko bei verschiedenen Liebesakten abgebildet waren. Die Zeichnungen waren kleiner und detailtreuer als seine früheren Skizzen; ich war von ihrer vitalen Ausstrahlungskraft, der Einfachheit der Linienführung und besonders von der Gesamtqualität der Arbeit beeindruckt. Seine Leistung hatte sich gegenüber seinen vorangegangenen Bemühungen erheblich verbessert.

Ich war der Meinung, daß man diese erotische Serie noch durch ein paar Zeichnungen von Hochzeit und Flitterwochen ergänzen sollte, um so eine interessante und einheitliche Mappe zusammenzustellen. Johns Gedanken gingen in die gleiche Richtung. Er war begeistert, als Ed Newman und ich damit begannen, uns über Einzelheiten der Verpackung und der Organisation von Ausstellungen in London, Paris und New York zu unterhalten.

Für das neue Set wurden zwölf Zeichnungen ausgewählt. Sechs aus der Mappe der erotischen Lithographien, die andere Hälfte aus den ersten Zeichnungen. John hatte Ed Newman und mir freie Hand bei der Auswahl gelassen, und wir suchten uns die ausdrucksstärksten Zeichnungen aus. John wollte nur allerbeste Druckqualität, und unsere erste Entscheidung fiel auf die Meisterlithographen Crommylynck Brothers in Paris, die u. a. auch für Picasso arbeiteten. Wir besuchten sie in ihrem kleinen Atelier. Es war zu der Zeit gerade vollgestopft mit den erotischen Radierungen eines Buches, an dem sie mit Picasso zusammenarbeiteten. Aldo Crommylynck erklärte sich einverstanden, zwei Probedrucke anzufertigen, damit wir das Ergebnis beurteilen könnten. Das einzige Problem war, daß er nicht sagen konnte, wann die ganze Ausgabe gedruckt werden könnte, da im Augenblick noch sehr viel Arbeit für Picasso anläge. Man rechne jeden Augenblick schon mit seinem Anruf, für ihn in seinem Haus in Südfrankreich an weiteren Radierungen zu arbeiten.

John signiert jede einzelne seiner dreitausend Lithographien im Farmhaus von Hawkins außerhalb von Toronto.

Ed Newman kam herübergeflogen, um die Signierung zu beaufsichtigen. John machte sich an die Arbeit, und mit Eds und meiner Hilfe lief alles mit ziemlicher Geschwindigkeit ab. John kritzelte immer wieder seine Unterschrift, während wir beide die Fließbandarbeit verrichteten, jedes Blatt herausnahmen, an John weiterleiteten und wieder zurücklegten. Dies alles wurde schließlich mit Hilfe einer unheimlichen Menge von Tee, vielen Joints und der gelegentlichen Unterhaltung von Ronnie, der uns die Stücke seines neuen Rock-'n'-Roll-Albums vorspielte, zum guten Ende geführt. John hatten die zwei Tage Arbeit und die rasenden Fahrten, die sie zwischendurch auf Ski-Doos und Amphicats über die schneebedeckten Felder führten, viel Spaß gemacht.

»Bag One«, die erotischen Lithographien, konnten nun vorgestellt werden. Die erste Ausstellung fand im Jahre 1970 in der Londoner Kunstgalerie statt. John war zur Zeit der Eröffnung gerade mit Yoko in Dänemark bei Kyoko und Tony Cox. Die Lithographien wurden zum Preis von je 40 Pfund pro Stück oder 550 Pfund für die ganze Sammlung zum Verkauf angeboten. Es kam wie es kommen mußte, am zweiten Tag der Ausstellung erschien die Polizei, wahrscheinlich aufgrund einer Beschwerde bei Scotland Yard, und nahm sofort acht der Lithographien unter Beschlag. Begründet wurde das Vorgehen damit, daß die Galerie »in Zuwiderhandlung gegen die Bestimmungen des Paragraphen 54 (12), des Polizeigesetzes von 1839 und des Gesetzes über die Strafgerichtsbarkeit von 1967 acht gegen Anstand und Sitte verstoßende Abbildungen zum Ärgernis der Passanten öffentlichen Blicken ausgesetzt hat«.

Als der Fall einige Monate später vor Gericht kam, wurden die Lithographien mit einem Katalog Picassos verglichen. Inspektor Patrick Luff vom Zentralbüro von New Scotland Yard sagte aus, daß, als er am 15. Januar die Galerie betrat, ungefähr 40 Besucher die Lithographien betrachtet hätten. »Bei der Gruppe jüngerer Leute konnte ich keine Verärgerung feststellen, aber ein älterer Mann war sichtlich aufgebracht«, sagte er. Richter St. John Harmsworth fragte ihn daraufhin: »Hat er mit dem Fuß aufgestampft?« »Den Ärger sah man ihm im Gesicht an«, sagte Inspektor Luff. Der Rechtsanwalt der Verteidigung, Napley, überreichte dem Gericht eine Mappe mit Lithographien und bemerkte: »Ich hoffe, daß der Beamte keine Vermerke darauf anbringen wird, da bei Abschluß dieses Falles ihr Wert zweifellos auf über 550 Pfund angestiegen sein dürfte.« Der Fall wurde damit abgeschlossen, daß der Richter zu der Entscheidung kam, daß die Lithographien »nicht geeignet seien, die Moralvorstellungen zu korrumpieren.«

Die Vorstellung von »Bag One« in Amerika wurde in der Lee-Nordness-Galerie in New York groß aufgemacht. Ich flog in Johns Auftrag herüber, um das Ganze zu filmen. Die ganze New Yorker Kunstszene und all die »beautiful people« waren zugegen. Dali kam mit seinem zahmen Ozelot, den er an der Leine führte. Die Lithographien wurden in einer eigens zu diesem Zweck entworfenen Umgebung gezeigt. Die Zuschauer wurden gebeten, ihre Schuhe auszuziehen. Im darauffolgenden Monat widmete die angesehene Kunstzeitschrift »Avant Garde« den erotischen Lithographien Titelblatt und Titelgeschichte.

John machte sich an die Herstellung von neuen Lithographien auf der Basis des chinesischen »I-Chang«-Buchs der Sprichwörter, aber schon nach den ersten beiden Andrucken verlor er wieder das Interesse daran. Die Serie sollte eine Gemeinschaftsarbeit von ihm und Yoko werden. John wollte dabei das von ihm gewählte I-Ching-Symbol und Yoko das japanische Äquivalent dazu in ihrer Schrift malen. Beide hatten das I-Ching-Buch oft konsultiert, wenn sie schwierige Entscheidungen zu treffen hatten. Die Lithographiensammlung sollte eine »John-und-Yoko«-Ausgabe des Buches werden. Die ganze Angelegenheit wäre so fürchterlich kommerziell gewesen, daß es vielleicht nur gut war, daß die Lithos niemals fertiggestellt wurden.

Zeilen aus Johns Gedicht zur Einführung seiner Sammlung erotischer Lithographien, »Bag One«. Er brachte das Gedicht im Atelier des Curwen Studio in London am 18. Juni 1969 direkt auf eine Zinkplatte.

A is for Parrot which we can plainly see.
B is for glasses which we can plainly see.
C is for plastic which we can plainly see
D is for Doris
E is for binoculars I'll get it in five
F is for Ethel who lives next door
G is for Orange which we love to eat when we can get them because they come from abroad.
H is for England and (Heather)
I is for monkey we see in the tree
J is for parrot which we can plainly see.
K is for shoe, top we wear to the ball
L is for lasso because brum
M is for Venezuela where the oranges come from
N is for Brazil near Venezuela (very near)
O is for football which we kick about a bit
T is for Tommy who won the war
Q is a garden which we can plainly see
R is for intestines which hurt when we dance
S is for pancake or wholewheat bread
U is for Ethel who lives on the hill
P is arab and her sister will
V is for me
W is for lighter which never lights
X is easter – have one yourself
Y is a crooked letter and you can't straighten it
Z is for Apple which we can plainly see.

This is my story both humble and true
take it to pieces and mend it with glue.

John Lennon 1964. Feb.

NEW YORK
CITY

DIE REISE ZU SICH SELBST

»Du glaubst, wenn du was gefunden hast, das sei *das Leben* – aber meist klammerst du dich an einen Strohhalm. Ich glaube, Künstler haben es da gut, weil ihnen der Strohhalm immer wieder aus der Hand geblasen wird. Das Dumme aber ist, daß die meisten Menschen einen Halm finden, und sich daran festklammern. . . Ich meine, das ist Zeitverschwendung. Das Beste ist, wenn man immer in Bewegung bleibt und die Kleider wechselt. Es geht nur um eins: ständige Veränderung.«

(John Lennon, 1975)

Der Dichter und Musiker John Lennon nimmt das Leben leidenschaftlich in sich auf und wendet sich schon im nächsten Augenblick wieder wütend dagegen. Durch seine Musik und seine Texte hat er versucht, den Menschen ihre eigenen Werte und Möglichkeiten bewußt zu machen. Er führt uns die Wege zu innerem Wachstum, und die zerstörerischen Kräfte, die dieses Wachstum verhindern, vor Augen. Sein unruhiger Geist treibt seine schöpferische Kraft mit grenzenloser Energie voran.

John ist von seiner Persönlichkeit her ein Künstler, der sich ständig in einem Zustand der Bewegung befindet, der ständig weiterstrebt und dabei die Trümmer seiner gelebten Welt hinter sich zurückläßt. Als ich seine »Arena« betrat, sah ich ihn als Mann mit vielen Masken. Es war schwer zu erkennen, was hinter dem aggressiven Äußeren verborgen lag. Als ich John zum ersten Mal in seinem alten, labyrinthhaften Haus in Kenwood besuchte, begann ich damit, mir seine Persönlichkeit stückweise zusammenzusetzen. Dieses im Tudor-Stil gebaute Haus war sein Zufluchtsort in turbulenter Beatle-Zeit. Obwohl es jetzt geräumt war, spürte ich noch überall seine Gegenwart. Relikte seiner Schöpfungskraft standen in jeder kleinsten Ecke. In der winzig kleinen Dachstube, wo John viele seiner Lieblingsstücke aufgenommen hatte, waren noch immer die acht Brunel-Tonbandgeräte in dem engen Raum verteilt. Auf dem Boden verstreut lagen Instrumente, und das einzige freie Wandstück zierte ein Zirkusplakat aus alter Zeit; es hatte ihn zu *Mr. Kite* inspiriert. Das Schlafzimmer war leer. Übriggeblieben war nur ein riesiger Haufen von Kleidungsstücken – schwarze Gehröcke aus Samt mit goldenen Litzen, Nadelstreifenanzüge und -westen, bunte Satinsachen von Sgt. Pepper, kragenlose Überbleibsel aus der Beatle-Zeit, militärische Waffenröcke und zahllose Armeejacken. Sie erzählten die Geschichte seines Lebens. Jetzt sind sie abgelegt und längst vergessen. Im gewölbeartigen Wohnraum standen noch zwei riesige Lautsprecher und seine Plattensammlung, die hauptsächlich aus Rock-'n'-Roll-Oldies bestand und vom Boden bis zur Decke reichte. Plattenpressungen mit weißem Label, unveröffentlichte Kostbarkeiten aus *Let It Be*, lagen verstaubt auf einem Plattenteller.

Mit der Zeit, und je öfter ich John zu Gesicht bekam, lernte ich ihn immer mehr kennen und konnte bald schon sein undurchsichtiges Verhalten besser einschätzen. Es war nicht einfach, weil man nicht an ihn herankommen konnte, und er bewußt seine Rolle spielte. Dieses Verhalten legte er nicht nur mir gegenüber an den Tag, eigentlich kannte man ihn gar nicht anders – außer natürlich bei Yoko. Sie schien John manchmal geradezu zu doubeln, in ihren Empfindungen, ihren Reaktionen und ihrer Ausdrucksweise. Wenn ich mit ihnen sprach, hatte ich oft das seltsame Gefühl, mich mit ein und derselben Person zu unterhalten.

John hatte unmögliche Stimmungslagen. Er konnte in Minutenschnelle vom Kind zum Clown oder zum Guru werden und sich dabei in jeder Rolle wohl fühlen. Und er war impulsiv; sein Denken war seinen Handlungen immer meilenweit voraus. Gesprächen ging der rote Faden verloren, wenn etwa Stimmbänder und sprudelnde Einfälle sich aufeinander abstimmen wollten. Er hatte eine unglaubliche Ausdauer, ich hatte oft den Eindruck, daß er zuviel von sich verlangte, zu weit ging. »Dem Dichter eigen ist die Unbequemlichkeit«, schrieb Cocteau, »sein Universum ist fast nicht bewohnbar. Die Menschen ahnen dies. Sie blinzeln nur ganz kurz hinein, und das nur aus Neugierde.«

Ich finde, daß Johns größte musikalische Leistung in der Synthese von Vergangenheit, Gegenwart und Zukunft liegt, von innen und außen. Seine persönlichen Ängste und Konflikte sind in einer Musik zusammengefaßt, die seine ganz persönlichen Züge trägt. »Ich habe immer irgend etwas im Kopf«, sagt John, »die besten Sachen kommen mir immer ganz impulsiv oder durch Inspiration. Ich brauche mich kaum anzustrengen. Irgend etwas schreibe ich immer, entweder in Gedanken oder wenn jemand etwas sagt; das hebe ich mir dann für eine Zeile oder eine Idee auf. Es gibt also nie einen Augenblick, wo ich mal nicht schreibe, fast nie . . . Ich finde es gut, wenn ich den Text habe, die Musik kommt dann ganz von selbst – die Musik ist einfach –, die Musik ist immer da, die ganze Zeit.«

Johns Arbeit steht in engem Zusammenhang mit seiner Kindheit. Ein Einzelkind schafft sich unweigerlich seine eigene Traumwelt. John Lennon war da keine Ausnahme. Als er bei seiner Tante lebte, war er oft allein und verbrachte seine Zeit mit Lesen, Schreiben oder Malen. Im Alter von sieben Jahren fing er mit eigenen »Büchern« an, und füllte sie mit Witzen, Cartoons, Zeichnungen und Collagen. Seine ganze Liebe galt der Wunderwelt von Lewis Carroll: »Ich habe ›Alice im Wunderland‹ nur so verschlungen und habe alle Figuren daraus gezeichnet. Ich schrieb Verse im Stil von ›Jabberwocky‹. Ich habe mich mit Alice richtig identifiziert.« Die Kindheitsträume wurden bald von naheliegenderen Bildern der Heranwachsenden-Welt verdrängt; von Gangs und Lederzeug, Cafés und Musikboxen. Die magischen Bilder seiner Kindheit, aber auch das »Teddyboy«-Gehabe der Halbstarken-Zeit in Liverpool sollten nicht ohne Einfluß auf seine Gefühlswelt bleiben.

In den ersten Beatle-Tagen enthielten seine Stücke eine Vielzahl autobiographischer Anspielungen. Bestimmte Aspekte seiner Persönlichkeit kamen darin zum Ausdruck; psychische Schwierigkeiten. Eine Zeitlang halfen Drogen darüber hinweg und eröffneten neue Horizonte. Auf der Suche nach Sinn und Erklärungen gebrauchte John seine Stücke in immer größerem Maße als Ventil für seine Gefühle, oftmals auch als Bekenntnis

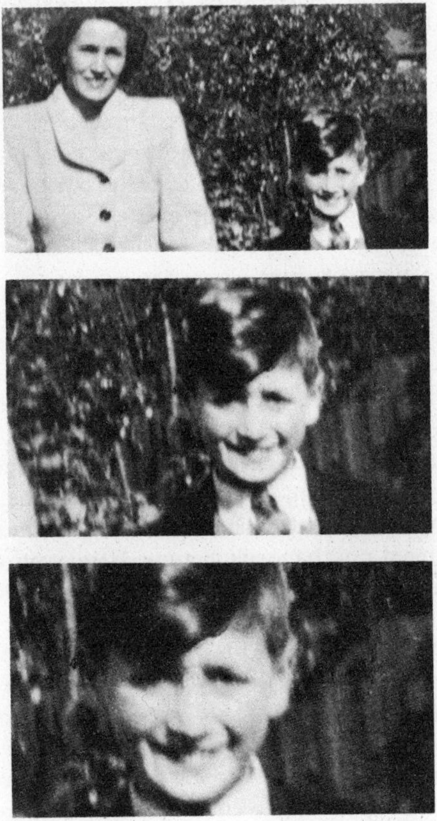

Der kleine John Lennon mit seiner Tante Mimi.

eines inneren Konflikts. T.S. Elliott schrieb einmal, daß die Fortschritte eines Künstlers einen »ständigen Verlust von Persönlichkeit« bedeuten, er zeigt die Kluft zwischen »dem Menschen, der leidet, und dem Geist, der schafft«. Bei John ist diese Kluft fast nicht mehr zu erkennen. Für John ist nur der ein Künstler, dessen Ideenwelt und Verhaltensweisen eng mit seinen persönlichen Erfahrungen verknüpft sind – wie in seinem Fall.

In seinen Liedern gibt uns John einen Einblick in seine Welt, Einblick in die Persönlichkeit des »Nowhere Man«, der keinen eigenen Standpunkt hat, bis zum »Holy Roller«, dem das Haar bis zu den Knien reicht. Er schildert die Schmerzhaftigkeit des Heroinentzugs: *My feet are so heavy/so is my head/I wish I was a baby/I wish I was dead.* John hat uns seine Innenwelt offenbart. »Zum Teufel mit allem, was nichts mit dem inneren Bedürfnis nach Mitteilung und den Mitteln zu dessen Verwirklichung zu tun hat«, sagte Dylan Thomas, »ich bedauere alles, was nicht das große Bedürfnis zum Ziele hat, auf ewig nach diesem Geheimnis zu streben.« Die Welt in seinen Stücken gewinnt in dem Maße an Ausdruckskraft, wie John selbst daran beteiligt ist: *Working Class Hero, God, Isolation* und *Nobody Loves You (When You're Down and Out)* sind nur einige Beispiele dafür. Hier wird Johns neurotische Haltung, seine Gefühle der Angst, der Unzulänglichkeit – und seine ihn selbst isolierende Arroganz –, sichtbar.

»In seiner Einsamkeit, die sein Erbe darstellt, hat der moderne Künstler lernen müssen, daß die Welt, die er beschreibt oder malt, in ihm selbst ist. Er hat erfahren, daß diese Welt, die er in sich getragen hat, sowohl ausschließlich persönlicher und einzigartiger, als auch universeller Natur ist«, schrieb Wallace Fowlie in »Das Zeitalter des Surrealismus«. John begann dies im Jahre 1964 zu erkennen, als er von seinen Gedichten auf die Liedertexte überging: »Ich fing an, in meinen Stücken ich selbst zu sein. Ich schrieb sie nicht objektiv, sondern subjektiv . . . Ich begann, über meine Empfindungen nachzudenken – ich weiß nicht mehr genau, wann es begann; wahrscheinlich mit Stücken wie *I'm A Loser* oder *Hide Your Love Away*.« (In: Lennon Remembers).

Help war sein erstes Stück über den Schmerz, über sein Gefühl, am Beatle-Image zu ersticken: *And now my life has changed in oh so many ways/My independence seems to vanish in the haze/But now and then I feel so insecure . . .* Damals wußte er noch nicht genau, ob er seine eigenen Empfindungen mit einbringen sollte: »Wenn es mir möglich war, habe ich auch über mich geschrieben. In der dritten Person über Leute in Wohnsilos oder sonst irgend so etwas zu schreiben, hat mir keinen Spaß gemacht. Ich mag Musik in der ersten Person. Doch wegen all der zeitlichen Unterbrechungen und so, bin ich nur selten dazu gekommen.« (In: Lennon Remembers). Die Beatles gingen nach 1966 nicht mehr auf Tournee, und die Arbeit im Studio wurde zum Lebensinhalt. John hielt sich dort am liebsten auf.

»Im Studio bin ich schon immer am liebsten gewesen«, sagte John noch vor kurzem. »Es kommt dem Schreiben sehr nahe, was ja etwas sehr Persönliches ist. Ich weiß nicht, ob aus Schüchternheit oder sonstigen Gründen, auf der Bühne wollte ich nie stehen. Eine Zeitlang war das auch eine tolle Sache, aber Stückeschreiben und Musikaufnahmen machen mir am meisten Spaß.«

Auf seiner Reise zum Selbst hat John viele Veränderungen durchlaufen, sich aber auch auf viele falsche Wege leiten lassen. Hier war der Mann, der alles hatte, dem ganze Scharen von Jugendlichen folgten – trotzdem hätte er alles »for a little peace of mind« hergegeben. Chef und Anführer wollte er nie sein, obwohl andere versucht haben, ihn aufgrund seines Namens und seines Images in diese Rolle hineinzudrängen.

Kern seiner Persönlichkeit ist seine ausgeprägte Empfindsamkeit gegenüber allem, was auf ihn einwirkt. Für jemanden, der so dominierend wie John Lennon ist, scheint es unmöglich, daß er sich so leicht von jemandem benutzen oder in die Irre führen lassen könnte. Ich war sicher, daß er es eines Tages selbst merken müßte. Wenn dann aber etwas Neues auf ihn zukam, wurde er wieder schwach und machte etwas, was er im Grunde genommen überhaupt nicht machen wollte. Eines Tages, im Apple-Büro, versuchte er einmal, etwas Licht in diese Angelegenheit zu bringen: »Ich habe die Angewohnheit, zuerst zu handeln, und mich dann näher mit der Sache zu beschäftigen. Was ich wirklich von einer Sache halte, finde ich erst viel später heraus. Ich bin von meiner Persönlichkeit her eher jemand der ›ja‹ sagt. So bin ich eben. Wenn man mir etwas schenkt, sage ich immer ›O.K., häng's an die Wand‹ oder ›O.K., tu dies damit oder jenes‹, und erst hinterher denke ich, daß ich das im Grunde genommen ja gar nicht wollte. In dieser Situation aber bin ich vollkommen von der Persönlichkeit des anderen hypnotisiert. Wenn so ein Typ daherkommt und mir sagt ›so machen wir's‹, bin ich schon auf dem Sprung, mitzugehen, und ich muß mich sehr zusammenreißen, um es nicht zu tun. Genauso bin ich. Hinterher tut es mir immer leid.«

Diese Schwäche war sein großes Handikap im Umgang mit den Beatles. Da Paul dominierender Teil der Gruppe wurde und ständig Johns Ideen durchkreuzte, wurde seine Kreativität für lange Zeit unterdrückt, worunter John sehr litt.

Mit der Primärtherapie im Jahre 1970 begann ein neuer Abschnitt in seiner Arbeit. Eine neue Kreativität bemächtigte sich seiner. Schon in *Cold Turkey* war es spürbar, und in der Zeit von 1968 bis zum Beginn der Therapie, als John durch Yoko zu neuen Ufern geführt wurde.

Am Anfang schien es, als ob Yoko ihn durch ihre Liebe befreit hätte, befreit von falschen Wert- und Rollenvorstellungen. Aber John wurde von Yoko, die ihm »Freiheit« gegeben hatte, in starkem Maße abhängig. John hatte das Gefühl, ohne sie nicht mehr leben zu können; es war eine Ersatzfreiheit, und eine Zeitlang lebte er nur noch durch sie.

Sah er eine schwierige Situation auf sich zukommen, neigte er fast immer dazu, sich hinter Yoko zu verstecken. Später erkannte er während der Therapie, daß Freiheit von innen kommt, in einem selbst geboren werden muß. Yoko öffnete ihm die tieferen Schichten seiner Persönlichkeit, half ihm, sein Selbst zu finden.

John meinte 1970: »Der Traum ist vorbei. Es ist alles beim alten geblieben, nur daß ich jetzt 30 Jahre alt bin, und viele mit langem Haar rumlaufen.«

Er sprach nicht nur für sich selbst, sondern für eine ganze Generation. Während seines Friedenskreuzzuges hatte er sich auf eine Welt im Umbruch konzentriert. Seine Augen waren geöffnet, er sah Menschen, die Menschen bekämpften und die Grausamkeit der Systeme. John spielte seine Rolle am allgemeinen Erwachen, er *glaubte* daran. Wie Robert Kennedy sagte: »Jedesmal, wenn jemand für ein Ideal kämpft, oder versucht, sich für andere einzusetzen, oder gegen Ungerechtigkeit eintritt, löst er eine Wellenbewegung der Hoffnung aus, die sich, gespeist aus Millionen verschiedener Energiezentren, zu einem Strom ausweitet, der die gewaltigsten Mauern der Unterdrückung unter sich begraben kann.« Johns Traum ist noch nicht zu Ende, obwohl er es geglaubt hat. *Imagine* zeigte seinen neuen Optimismus: *You may say that I'm the dreamer,/but I'm not the only one.*

Johns tägliches Leben hat ihn vor immer neue Aufgaben gestellt. In den vergangenen Jahren hat er bewußt oder unbewußt außergewöhnliche Situationen geschaffen, Situationen, die ihn bis aufs Äußerste herausforderten, und über die er schreiben mußte. John vergleicht diesen Zustand mit seiner Schulzeit: »Ich war immer kurz davor, von der Schule geworfen zu werden, aber ich habe es immer gerade noch geschafft, mich wieder zu fangen. Ich verlasse mich da ganz auf meinen Instinkt. Er rettet mich vor dem eigentlichen Sturz in die Tiefe – ich bin nicht selbstmörderisch veranlagt, ich will am Leben bleiben.«

Teil seiner Schwierigkeiten waren die Probleme, die ums Älterwerden und Alter kreisten. Doch gleichermaßen frustrierend war für ihn der Gedanke, nicht weitermachen zu können. »Ich habe diese große Angst, normal zu werden, wissen Sie, diese Leute, die keine Rock 'n' Roller geworden sind, die jetzt ›gesettelt‹ sind. Das will ich vermeiden. Aber nicht mit Gewalt, davon habe ich die Nase voll. Ich muß einen anderen Weg finden.«

Seit John und Yoko wieder zusammen sind, hat sich für John die Welt wieder eingerenkt. Die Geburt ihres Sohnes gab beiden neuen »Glauben in die Zukunft über das Jetzt hinaus«. Heute lebt John entspannt und ohne äußeren Druck: »Ausgeglichenheit, Ruhe und ein Piano, das ist es im Grunde. Ab und zu einmal schnell zu irgendeiner Vorstellung, um zu beweisen, daß man noch lebt!«

»Ich denke in langen Zeiträumen. Ich bin ein Künstler. Ich muß mich ausdrücken. Ich darf mich nicht von goldenen Schallplatten beherrschen lassen – die Kunst allein ist wichtig. Manchmal muß ich mich selbst daran erinnern, weil bei allen, die auch nur irgendwie mit Kunst zu tun haben, die Gefahr besteht, nur ihr Streben nach Anerkennung befriedigen zu wollen, *needing that love so badly . . .*«

Johns Kunst liegt in seiner Musik, in seiner Fähigkeit umzusetzen, sich sowohl von seiner Umgebung als auch von seinen innersten Gefühlen inspirieren zu lassen. In der Hauptsache aber hat uns John Lennon einen Blick für das Heute im »Jetzt« gegeben, das uns allen gemeinsam ist, und durch das wir das Leben leben, wie es kommt, *One Day At A Time*.

CHRONOLOGIE

1940

9. Oktober

John Winston Lennon wird im Liverpooler Maternity Hospital während eines Luftangriffs geboren. Seine Eltern, Alfred Lennon und Julia Stanley, heirateten am 3. Dezember 1938.

1942

Der Schiffssteward Fred Lennon verläßt sein Schiff und verliert den Kontakt zu seiner Familie. John wird von seiner Tante Mimi, Julias Schwester, aufgenommen.

1945

Fred Lennon kommt nach England zurück, macht mit John Urlaub in Blackpool und beabsichtigt, mit ihm nach Neuseeland auszuwandern. Durch das plötzliche Erscheinen von Julia kommt es zu einer Auseinandersetzung: John will bei seinem Vater bleiben, läuft aber im letzten Augenblick noch aus dem Haus, seiner Mutter hinterher, die ihn von seiner Tante Mimi erziehen läßt.

1946

John wird in die Grundschule Dovedale in Liverpool eingeschult.

1952

John kommt in die Quarrybank School in Liverpool.

1955

John gründet die Skiffle Group »Quarrymen«.

1956

15. Juni

Der vierzehnjährige Paul McCartney und der sechzehnjährige John Lennon lernen sich in der Woolton-Pfarrkirche in Liverpool kennen.

1957

John geht zur Kunstschule Liverpool Art College, wo man ihn in einen Schriftkurs einweist, den er nur ungern besucht. Der gleiche Kurs wird von einem Mädchen namens Cynthia Powell besucht.

1960

John gründet die Beatles. Im April geht die Gruppe als »Silver Beatles« nach Hamburg.

1961

Rückkehr nach Hamburg.

1962

Januar, April, Mai

Die Beatles spielen im Hamburger Star-Club.

23. August:

John heiratet Cynthia Powell im Liverpooler Standesamt Mount Pleasant.

1963

7. März

In England wird das Album *Please, Please Me* herausgegeben.

1964

23. März

John Lennons erster Prosa- und Gedichtband »John Lennon in His Own Write« erscheint auf dem Markt.

18. April

Julian Lennon wird im Sefton General Hospital in Liverpool geboren.

19. August/21. September

Die erste Tournee der Beatles durch die USA und Kanada.

1965

24. Juni

Veröffentlichung von Johns zweitem Buch »A Spaniard in the Works«.

26. Oktober

Anläßlich einer Ordensverleihung im Buckingham Palace erhalten die Beatles die Auszeichnung über Mitgliedschaft im Britischen Empire (M.B.E. = Member of the British Empire) durch die englische Königin.

3. Dezember

Das Beatles-Album *Rubber Soul* wird herausgegeben.

1966

5. August

Das Beatles-Album *Revolver* wird herausgegeben.

September

Yoko Ono erscheint in London zu dem Symposium »Destruction of Art« (»Zerstörung der Kunst«) im Institut für Zeitgenössische Kunst.

September/Oktober

Johns Solo-Debüt in Richard Lesters Film »How I Won the War«, mit Außenaufnahmen in Deutschland und Spanien.

9.–12. November

Yokos Ausstellung in der Indica-Galerie unter dem Titel: »Unfinished Paintings and Objects by Yoko Ono« (»Die unvollendeten Gemälde und Objekte von Yoko Ono«). John lernt Yoko bei der Vorstellung ihrer Ausstellung in der Indica-Galerie in London kennen.

1967

Yokos »Wrapping Event« (»Verhüllungsaktion«) auf dem Trafalgar Square.

1. Juni

Herausgabe des Beatles-Albums *Sgt. Pepper's Lonely Hearts Club Band*.

August

Weltpremiere von Yoko Onos »Film No. 4« im Jacey Tattler.

27. August

Brian Epstein stirbt in London.

September

Yoko zeigt ihre von John Lennon geförderte Ausstellung »Half Wind Show« unter dem Titel »Yoko Plus Me« in der Londoner Lisson-Galerie.

September/November

Die Beatles drehen ihren Film »Magical Mystery Tour«

7. Dezember

Eröffnung des Apple Shop der Beatles in der Londoner Baker Street 94.

1968

Februar/April

Die Beatles begeben sich zur Akademie des Maharishi nach Rishikesh in Indien, um dort einem Kursus in transzendentaler Meditation beizuwohnen.

April

Das Apple-Büro, die Apple Corporation Limited, nimmt ihre Arbeit in der Londoner Wigmore Street 95 auf.

Mai

Yoko besucht John zum ersten Mal in seinem Landhaus Kenwood in Weybridge. Sie beschäftigen sich während der Nacht mit Johns Tonbandexperimenten und nehmen anschließend selbst ein Band auf. Johns und Yokos erstes gemeinsames Kunstunternehmen im Arts-Lab-Kunstlaboratorium in Drury Lane, London.

15. Juni

John und Yokos Eichel-Aktion, »Acorn Event«, auf der Nationalen Skulptur-Ausstellung bei der Kathedrale von Coventry. Die Eicheln werden als »living-art«-Skulptur von John und Yoko in den Boden gepflanzt: »Ein Symbol für die Begegnung von Ost und West«, sagt John.

18. Juni

Vorstellung des Theaterstücks »In His Own Write«, einer Produktion des National-Theaters, im Old-Vic-Theater in London. Es war eine Bühnenbearbeitung als Einakter von Johns Büchern von Adrienne Kennedy und Victor Spinetti.

1. Juli

Johns erste Kunstausstellung »You Are Here« – ein weißes, rundes Stück Segeltuch, Sammelbüchsen für wohltätige Zwecke, und 360 weiße Luftballons, die in die Luft gelassen wurden – in der Robert-Frazer-Galerie, Mayfair.

18. Oktober

John und Yokos Festnahme wegen Drogenbesitzes. Gegen Kaution werden sie vom Gericht Marylbone Magistrate's Court aus der Untersuchungshaft entlassen.

8. November

Gewährung eines vorläufigen Scheidungsurteils für John und Cynthia Lennon.

21. November

Yoko hält sich aufgrund einer Fehlgeburt im Queen-Charlotte-Hospital auf. John schläft neben ihrem Bett auf dem Boden. Der Herzschlag des Babys war von ihnen auf Tonband aufgenommen worden. Herausgabe des *White Album* der Beatles. (Doppelalbum). Johns Lieblingsstücke: *I'm So Tired* und *Happiness Is A Warm Gun*. Seiner Ansicht nach sind seine Stücke auf diesem Album die besten, die er je aufgenommen hat.

28. November

John gibt zu, im Besitz von Cannabis gewesen zu sein und zahlt eine Strafe von 150 Pfund plus 20 Guineas Kosten.

29. November

Herausgabe von John und Yokos Album *Two Virgins*.

Oktober/November

Premiere ihrer beiden Filme »Smile« und »Two Virgins« auf dem Filmfestival in Chicago.

11. Dezember

John und Yoko nehmen an der Rolling-Stones-Verfilmung »Rock 'n' Roll Circus« teil.

18. Dezember

John und Yoko erscheinen zu der Untergrund-Weihnachtsparty, dem »Alchemical Wedding« in der Royal Albert Hall in einem weißen Sack auf der Bühne.

1969

Januar

Die Beatles machen im Twikkenham-Studio Film- und Schallplattenaufnahme von *Let It Be*.

30. Januar

Die Beatles machen auf dem Dach des Apple-Büros ihre Aufnahme *Get Back* für den Film.

3. Februar

Die Beatles ernennen Allen Klein zu ihrem Berater.

2. März

John und Yoko im Avantgarde-Jazz-Konzert in der Lady Mitchell Hall in Cambridge.

20. März

John und Yoko heiraten heimlich in Gibraltar. Eine Woche ihrer Flitterwochen verbringen sie als Bed-in für den Frieden im Amsterdamer Hilton. Das Paar spricht von seinem Bett der Präsidentensuite zu Presseleuten aus aller Welt.

31. März

Der Film »Rape« (»Film No. 6«), mit Hans Priener als Produzent, hat im Österreichischen Fernsehen Weltpremiere (73 Min.). John und Yoko halten darüber in einem weißen Sack eine Pressekonferenz im Hotel Sacher in Wien ab.

April

John und Yoko machen ihr eigenes Apple-Büro mit Anthony Fawcett als Koordinator auf.

22. April

Vor einem beeidigten Notar ändert John in offizieller Zeremonie auf dem Dach des Apple-Büros seinen Mittelnamen von Winston auf Ono.

2. Mai

Herausgabe von John und Yokos Album *Life With The Lions-Unfinished Music No. 2*.

16. Mai

John und Yoko machen den Versuch, sich Ringo, Peter Sellers und der Besatzung der »Magic Christian« an Bord der QE 2 für eine Atlantiküberquerung anzuschließen und ein Bed-in in den Vereinigten Staaten zu veranstalten. Ihr Gepäck ist schon an Bord, doch John wird eine Einreisegenehmigung verweigert. Pläne, bei späterer Erteilung des Visums die QE 2 noch per Helikopter einzuholen, werden wieder verworfen.

24. Mai

Angesichts des abschlägigen

Bescheids der amerikanischen Einwanderungsbehörden entscheiden sich John und Yoko für ein Bed-in in der Nähe Amerikas, um von dort aus ihre Friedensbotschaft auszustrahlen. Nach einem fehlgeschlagenen Versuch auf den Bahamas, was sie als zu heiß und ungastlich empfanden, fliegen sie nach Toronto in Kanada.

26. Mai

John und Yoko, Derek Taylor und ein Kamerateam mieten sich für zehn Tage für ein Friedens-Bed-in im Queen-Elizabeth-Hotel in Montreal ein.

31. Mai

Aufnahme von *Give Peace A Chance* aus ihrem Bett heraus, mit Gesangsbegleitung von Timothy und Rosemary Leary, Tommy Smothers, Rabbi Feinberg und einer kanadischen Gruppe Hare-Krishna-Sänger.

30. Mai

Herausgabe der Beatles-Single *The Ballad Of John And Yoko*. Sie enthält eine Beschreibung von John und Yokos Bemühungen, zu heiraten, der ereignisreichen Hochzeit, des Bed-ins und des Sackauftritts in Wien, aufgenommen von John und Paul.

7. Juni

John und Yoko treten in »The David Frost Show« auf.

29. Juni

John und Yoko machen zusammen mit Johns Sohn Julian und Yokos Tochter Kyoko Urlaub in Schottland, um einige von Johns Verwandten zu besuchen.

1. Juli

Während John am Steuer sitzt, verliert er die Kontrolle über das Fahrzeug und fährt in einen Graben. Die ganze Familie kommt mit Schockeinwirkung und leichten Verletzungen ins Krankenhaus.

6. Juli

John und Yoko begeben sich mit einem gecharterten Flugzeug wieder nach Hause.

7. Juli

Eine als Roboter verkleidete

»Plastic Ono Band« wirft auf der Bühne des Rathauses in Chelsea ihre Verkleidung ab und stellt die erste Single der Gruppe, *Give Peace A Chance*, vor.

Juli/August

Die Beatles nehmen im E.M.I.-Studio der Abbey Road ihr neues Album *Abbey Road* auf. Yoko, deren Rücken noch durch den Autounfall in Mitleidenschaft gezogen ist, hat ihr Bett im Studio.

August

John und Yoko kaufen Tittenhurst Park, Ascot, ein Anwesen im King-George-Stil mit 320 000 qm Grundstück, für 150 000 Pfund. Bob Dylan begleitet John und Yoko zusammen mit George Harrison nach seinem Konzert auf der Isle of Wight im Helikopter nach Tittenhurst Park. John versucht, ihn für das gerade geschriebene *Cold Turkey* ans Piano zu bekommen, doch Dylan bleibt nur für kurze Zeit.

September

Unter der Bezeichnung »Two Evenings with John and Yoko« werden im New Cinema Club in London die Filme »Two Virgins«, »Smile«, »Honeymoon« und die Welturaufführung von »Self-Portrait« vorgeführt. John und Yoko führen die Kritiker aufs Glatteis, indem sie an ihrer Stelle ein anderes Paar in einen weißen Sack gehüllt aus dem weißen Rolls-Royce steigen lassen, um sich den Fotografen zu stellen, und auf der Bühne während der Filmvorführung »Hare Krishna« zu singen. John hält die Reaktion der Zuschauer auf Infrarotfilm fest. John und Yoko und die Plastic Ono Band (Eric Clapton, Klaus Voormann und Alan White) fliegen nach Toronto zu einer Live-Aufführung des »Toronto-Rock-'n'-Roll-Revival«-Festivals im Varsity-Stadion.

Oktober

Herausgabe der Single *Cold Turkey* mit John Lennon und der Plastic Ono Band.

20. Oktober

Herausgabe des *Wedding Album* von John und Yoko. Eine Klang- und Bildwiedergabe in

Erinnerung an ihre Hochzeit auf Gibraltar und die Bed-in-Flitterwochen. Das Album besteht aus einer Kassette mit zwei Alben, einem Buch mit Presseausschnitten, einem fotografierten Stück Hochzeitskuchen in einer Plastiktüte, einer Postkarte und Hochzeitsbildern. Das Ganze in hervorragender Aufmachung nach einem Entwurf von John Kosh.

November

John und Yoko auf Urlaub in Athen, Griechenland.

26. November

John schickt seinen Orden des Britischen Empire wieder der Queen zurück. Er protestiert damit gegen die englische Einmischung in Biafra und die Unterstützung der Amerikaner in Vietnam. Sein Protest richtet sich ebenfalls gegen das Abrutschen von *Cold Turkey* in der Hitliste.

November

Herausgabe des von John und Yoko und der Plastic Ono Band erstellten Albums *Live Peace In Toronto*.

15. Dezember

Live-Konzert mit John und Yoko und der erweiterten »Plastic Ono Supergroup« für die UNICEF in der Lyceum Gallery. Die englische Fernsehgesellschaft BBC sendet in der Reihe »24 Stunden« eine einstündige Dokumentation über John. Man filmt ihn zu Hause in Tittenhurst, auf dem Rücksitz des weißen Rolls-Royce auf dem Weg nach London, im Apple-Büro, und bei Dreharbeiten für seinen Film »Apotheosis« in Sussex.

16. Dezember

John und Yoko fliegen nach Toronto, Kanada, um das Friedensfestival im Mosport-Park anzukündigen. Sie halten sich fünf Tage lang auf der Farm von Ronnie Hawkins auf, setzen sich von dort aus mit Rundfunkstationen in Verbindung, geben Friedensinterviews, unterhalten Dick Gregory und andere Gäste und fahren mit ihren Schneefahrzeugen durch die Landschaft.

17. Dezember

Pressekonferenz im Wissenschaftszentrum in Ontario.

18.–20. Dezember

John signiert seine 3000 erotischen Litographien »Bag One« mit der Unterstützung von Ed Newman und Anthony Fawcett in Ronnie Hawkins Farmhaus.

19. Dezember

John und Yoko sprechen während einer 45-Minuten-Sendung der CBC-Fernsehgesellschaft mit Marshall McLuhan.

21. Dezember

John, Yoko und Begleitung nehmen einen Privatzug nach Montreal und Ottawa. In Montreal wohnen sie einer Pressekonferenz im Hotel Chateau Champlain bei. Auf dem Bahnhof in Montreal treffen sie sich heimlich mit Mitgliedern der LeDain-Drogenkommission.

22. Dezember

Um 11 Uhr morgens erreichen sie das Parlamentsgebäude, wo sie ein 51 Minuten langes Gespräch mit Premierminister Trudeau führen. Im Gesundheitsministerium haben sie eine öffentliche Unterredung mit Gesundheitsminister John Munro und höheren Ministerialbeamten.

23. Dezember

John und Yoko fliegen nach Aalborg, Dänemark, um dort Yokos Tochter, Kyoko, ihren ersten Mann Tony Cox und seine Freundin Melinda zu besuchen. Sie ziehen sich auf die Farm zurück, meditieren und fasten. Hammrick und Leonard werden aus Kanada eingeflogen, vermutlich um John und Yoko mittels Hypnose das Rauchen abzugewöhnen. Ritchie Yorke und John Brower kommen nach Aalborg, um Pläne für das Friedensfestival zu besprechen. Allen Klein trifft aus New York ein. John und Yoko scheren sich ihr Haar.

31. Dezember

Die Fernsehgesellschaft ATV strahlt den dreiteiligen Film »Man of the Decade« (»Mann des Jahrzehnts«), der unter der Regie von Colin Clark entstanden und von Desmond Morris kommentiert, John

Lennon, John F. Kennedy und Mao-Tse-tung einer eingehenden Analyse unterwirft. Das 20minütige Interview mit John Lennon ist unterhaltsam und aufschlußreich.

1970

26. Januar

John stellt an einem Tag Text und Plattenaufnahme von *Instant Karma* fertig. Phil Spector ist Produzent.

Februar

John stellt *Instant Karma* in der englischen Fernsehsendung der BBC, »Top of the Pops« vor. Yokos Buch »Grapefruit« wird in den USA von Simon and Schuster herausgegeben. »Bag One«, Johns erotische Lithographiensammlung, wird zum ersten Mal in der Lee-Nordness-Galerie in New York gezeigt. Ebenfalls werden sie in Paris, in der Galerie Denise René ausgestellt. John und Yoko spenden ihr abgeschnittenes Haar dem »Blackhouse« von Michael X in Nord-London.

März

Das Buch des amerikanischen Psychologen Arthur Janov »The Primal Scream« (»Der Urschrei«) kommt mit der Post nach Tittenhurst Park. Arthur Janov kommt nach London geflogen, um die Therapie mit John und Yoko zu beginnen.

10. April

Paul McCartney kündigt an, daß er die Beatles »aufgrund von persönlichen, geschäftlichen und musikalischen Differenzen« verlassen hat, und gibt sein Solo-Album heraus.

8. Mai

Das von Phil Spector produzierte Album *Let It Be* wird schließlich herausgegeben.

Mai

Die filmische Beatles-Dokumentation »Let It Be« (88 Minuten) hat Weltpremiere.

April–August

John und Yoko sind im Primärtherapie-Institut in Los Angeles. Sie wohnen in einem gemieteten Haus in Bel Air. Zurück in Tittenhurst Park nimmt John sein erstes Solo-Album *John Lennon/Plastic Ono Band* in seinem kürzlich fertiggestellten Studio auf.

Dezember

John und Yoko besuchen New York und Jonas Mekas und drehen die Filme »Up Your Legs« und »Fly«.

30. Dezember

Paul McCartney beantragt gerichtliche Auflösung der geschäftlichen Partnerschaft der Beatles.

1971

21. Januar

Johns Interview mit Jann Wenner erscheint in zwei Teilen im »Rolling Stone« unter dem Titel »The Working Class Hero«.

10. März

Für die Verwaltung der Beatles-Finanzen wird vom Gericht ein Konkursverwalter eingesetzt, und Allen Klein wird von der weiteren Geschäftsführung ausgeschlossen.

12. März

John Lennon und die Plastic Ono Band geben *Power To The People* und *Open Your Box* als Singles heraus.

15. Mai

Auf dem 14-Tage-Festival der Filmemacher in Cannes werden die Filme »Apotheosis« (18 Minuten, Regie John Lennon) und »Fly« (50 Minuten, Regie Yoko Ono) vorgestellt.

6. Juni

John und Yoko beteiligen sich an einem Konzert von Frank Zappa and The Mothers of Invention im New Yorker Fillmore East.

Juli

In seinem Studio in Tittenhurst Park macht John sowohl die Aufnahmen für sein Album *Imagine*, als auch die entsprechenden Filmaufnahmen über diese Aufnahmesitzungen für den »Imagine«-Film.

August

John und Yoko fliegen auf der Suche nach Kyoko zu den Virgin Islands und von dort aus nach New York. John und Yoko entschließen sich, in New York zu bleiben und mieten sich eine Wohnung im West Village und ein Arbeitsstudio in Soho.

5. September

Das London Art Spectrum, Alexandria Palace, zeigt fünf Filme von John und Yoko: »Cold Turkey«, »The Ballad of John and Yoko«, »Give Peace A Chance«, »Instant Karma« und »Up Your Legs«.

9. September

Herausgabe von Johns Album *Imagine*.

9.–27. Oktober

»This is Not Here« (»Das ist nicht hier«), eine von Yoko Ono organisierte Ausstellung im Everson Museum of Art, in Syracuse, New York, mit John Lennon als Gastkünstler.

Oktober

John und Yoko protestieren in Syracuse, New York, für die Bürgerrechte der in Amerika lebenden Indianer.

November

John tritt für die Attica-Wohltätigkeitsveranstaltung im New Yorker Apollo-Theater auf.

1. Dezember

Die Single *Happy Xmas (War Is Over)* wird herausgegeben. Interpreten sind John und die Yoko Ono Plastic Ono Band mit dem Gemeindechor von Harlem.

11. Dezember

John und Yoko erscheinen auf der John-Sinclair-Wohltätigkeitsveranstaltung in Ann Arbor, Michigan.

1972

Januar

Der zum Rechtsausschuß des Senats gehörige Unterausschuß für Innere Sicherheit stellt einen Bericht über Johns Beziehungen zur politischen Linken (Jerry Rubin, Abbie Hoffman und Rennie Davis) zusammen und legt ihn Senator Strom Thurmond vor.

4. Februar

Senator Strom Thurmond schreibt an den damaligen Kronanwalt John Mitchell und fügt einen Bericht über Johns radikalistische Verbindungen mit dem Zusatz bei: »Mir scheint dies eine wichtige Sache zu sein, und ich glaube, man sollte sie an höchster Stelle zur Sprache bringen. Meiner Ansicht nach könnte durch rechtzeitiges Handeln viel Ärger erspart bleiben.« Mitchell schickt eine Kopie des gleichen Berichts an einen Beamten des Weißen Hauses.

14. Februar

John und Yoko sind eine Woche lang Gäste bei »The Mike Douglas Show«. In einer Show ist Chuck Berry zu Gast. Er gibt mit John dort eine Live-Vorführung.

29. Februar

Johns Einreisevisum läuft ab.

. März

Die John fünf Tage zuvor gewährte Verlängerung seines Visums wird von Sol Marks, dem Bezirksdirektor des INS (Immigration-and-Naturalization-Service-Büro für Einwanderung und Einbürgerung) in New York, widerrufen.

29. April

Der Bürgermeister von New York, John Lindsay, stellt den Bundesbehörden den Antrag auf Niederlegung des Ausweiseverfahrens gegen John.

24. April

Herausgabe der Single *Woman Is The Nigger Of The World*, die von John und Yoko gemeinsam geschrieben und von der John Lennon Plastic Ono Band mit Elephant's Memory interpretiert wurde. John ist Gast bei »The Dick Cavett Show«. Er führt dort an, daß er von Regierungsagenten verfolgt und sein Telefon angezapft wurde.

12. Juni

Herausgabe des Doppelalbums *Sometime In New York City*, von John und Yoko mit Elephant's Memory.

30. August

Das »One-to-One«-Wohltätigkeitskonzert im Madison Square Garden: John und Yoko und Elephant's Memory plus viele Gäste aus der Künstlerszene führen zwei Shows zugunsten der Errichtung von Wohnheimen für behinderte Kinder durch. Das Konzert wird gleichzeitig durch ABC ins Fernsehen übertragen. Weltpremiere von John und Yokos Film »Erection«. Der Film zeigt in Zeitlupenaufnahmen den Bau eines Londoner Hotels. Viele hundert Fotografien wurden hierfür von Fotograf Iain McMillan mehrere Jahre hindurch von der gleichen Position aus aufgenommen.

23. Dezember

Weltpremiere von John und Yokos Film »Imagine« im amerikanischen Fernsehen.

1973

März

John wird von den amerikanischen Einwanderungsbehörden aufgefordert, das Land zu verlassen. Yoko wird von einem amerikanischen Gericht das Sorgerecht für ihre jetzt achtjährige Tochter Kyoko zugesprochen, doch der Vater, Tony Cox, verschwindet mit dem Mädchen.

März–Juli

Ringo macht eine Aufnahme von Johns Stück *I Am The Greatest* für sein eigenes Album *Ringo*, welches am 2. November 1973 herausgegeben wurde.

Juni

Allen Klein verklagt John auf 200 000 Dollar.

Oktober

John und Yoko trennen sich zum ersten Mal seit 1968. John flieht vor seinen Einwanderungsproblemen nach Los Angeles.

26. Oktober

Die Single *Mind Games/Meat City* von John Lennon erscheint.

2. November

Herausgabe des Albums *Mind*

Games, von John Lennon und The Plastic U.F. Ono Band.

Oktober–Dezember

John überzeugt Phil Spector; Produktion seines Oldies-Rock-'n'-Roll-Albums. Sie nehmen in den Record-Plant-Studios in Los Angeles mit einer ständig wechselnden Gruppe von dreißig Musikern die Platte auf.

November

John, Paul und George strengen ein Verfahren gegen Allen Klein an.

1974

Januar

John bittet die Queen um königliche Vergebung in seiner Drogensache, die nun schon fünf Jahre zurückliegt: »Damit ich in Freiheit in die Vereinigten Staaten hinein, und aus den Vereinigten Staaten herausreisen kann.«

März

John wird aus dem Troubadour Club in Los Angeles gewiesen, nachdem er die Smothers Brothers durch Zwischenrufe beleidigt hatte.

März/Mai

John produziert das Album *Pussy Cats* von Harry Nilsson in Los Angeles.

17. Juli

John wird vom amerikanischen Justizministerium aufgefordert, die Vereinigten Staaten innerhalb von 60 Tagen zu verlassen oder ausgewiesen zu werden. John erhebt Einspruch.

August

John kehrt mit einem fertigen Stück nach New York zurück, um an einem neuen Album zu arbeiten und seinem Ausweiseverfahren beizuwohnen. Im New Yorker Record Plant nimmt er sämtliche Stücke für *Walls And Bridges* auf. John unterstützt Elton John im Studio mit Gitarre und Begleitstimme bei dessen Version seines Stücks *Lucy In The Sky With Diamonds*. Bei einer anderen Version von Johns Stück *One Day At A Time* spielt er die Gitarrenbegleitung. Beide

Stücke werden am 15. November 1974 als Single herausgebracht. Ringo nimmt Johns Stück *Goodnight Vienna* für sein am 15. November 1974 erschienenes Album gleichen Namens auf.

23. August

John beobachtet um 9 Uhr morgens von seinem Dach aus ein UFO.

31. August

John behauptet vor dem amerikanischen Bundesgericht, daß die Regierung Nixon ihn als einen der Organisatoren einer Antikriegsdemonstration auf dem Nationalkonvent der Republikaner, der 1972 in Miami abgehalten werden sollte, ansehe und deshalb seine Ausweisung beantragt habe.

September

Das Berufungsgremium für Einwanderungsfragen droht John mit Ausweisung, falls er das Land nicht freiwillig bis zum 8. September verlassen habe. John erhebt erneut Einspruch.

23. September

Herausgabe der Single *Whatever Gets You Through The Night* von John Lennon mit Elton John am Piano und als Begleitstimme.

26. September

Herausgabe des Albums *Walls And Bridges* mit John Lennon und der Plastic Ono Nuclear Band.

21.–25. Oktober

Im Record-Plant-Studio produziert John selbst die Aufnahme zusätzlicher Stücke für sein *Rock-'n'-Roll-Album*.

28. November

John tritt gemeinsam mit Elton John auf dessen Thanksgiving-Konzert im Madison Square Garden auf. Sie spielen zusammen die Stücke *Whatever Gets You Through The Night*, *Lucy In The Sky With Diamonds* und *I Saw Her Standing There*.

Dezember

Das Musikmagazin »Rolling Stone« enthüllt Einzelheiten

über die illegale Verschwörung zur Erwirkung von Johns Ausweisung. John, seine Sekretärin May Pang und sein Sohn Julian verbringen die Feiertage um Neujahr in Floridas Disney World.

1975

Januar

Der endgültige Bruch der Beatles in London. John und Yoko versöhnen sich wieder, und John geht wieder zu ihr zurück in die gemeinsame New Yorker Wohnung im Dakota-Gebäude.

2. Januar

Der amerikanische Bezirksrichter Richard Owen entscheidet zugunsten von John. Er gestattet den Anwälten unter bestimmten Umständen Einsicht in die Einwanderungsakten.

Januar

John spielt mit bei David Bowies Aufnahmen zum Album *Young Americans*, schreibt mit ihm zusammen das Stück *Fame* und begleitet Bowie auf der Gitarre zu dessen Version seines Stücks *Across The Universe*. *Young Americans* wird am 2. Juni 1975 herausgebracht. Bowie sagt von Lennon: »Er ist das letzte große Original«.

Februar

Morris Levy von Adam VIII Records setzt sich für die Herausgabe von *Roots* ein, ein Album, das die von John provisorisch auf Band genommenen Rock-'n'-Roll-Oldies auf Platte zusammenfaßt.

15. Februar

Die Gesellschaft Capitol Records beschleunigt die Herausgabe des *John-Lennon-Rock-'n'-Roll*-Albums. Nachdem schon 3000 Exemplare von *Roots* verkauft worden sind, wird die Produktion dieser Platte unter Androhung gerichtlicher Konsequenzen eingestellt. Levy klagt auf 42 Millionen Dollar.

März

Anläßlich der Grammy-Verleihung treten John und Yoko zum ersten Mal seit ihrer Trennung wieder gemeinsam vor die Öffentlichkeit.

Juni

John stellt beim Bundesgericht Manhattan Klageantrag gegen den ehemaligen Kronanwalt John Mitchell, den ehemaligen Kronanwalt Richard Kleindienst sowie gegen weitere Regierungsbeamte der INS wegen unkorrekter Handlungsweise.

September

Die INS-Einwanderungsbehörde gewährt John aufgrund von Yokos Schwangerschaft einen befristeten Aufenthalt.

7. Oktober

Das amerikanische Berufungsgericht lehnt eine Ausweisung ab. Johns Kampf mit den Einwanderungsbehörden ist vorüber. Das Urteil des Berufungsgerichts stützt sich auf die Tatsache, daß das englische Gesetz, unter dem John verurteilt worden ist, in den Staaten keine Anwendung findet und daher auch kein Prozeß möglich sei.

9. Oktober

Sean Ono Lennon, ein gesunder Junge von 7 Pfund, 330 Gramm, wird im New York Hospital geboren (an Johns Geburtstag). John sagt: »I feel higher than the Empire State Building.«

24. Oktober

Herausgabe des Albums *Shaved Fish*, eine Zusammenstellung von Johns Stücken von 1969–1975.

1976

Januar–Februar

Das Gerichtsverfahren zwischen John und Morris Levy wegen des *Rock-'n'-Roll-Albums* und Johns Verstoß gegen das Copyright von Chuck Berry's *You Can't Catch Me*.

20. Februar

Richter Griesa gibt zum Fall Levy/Lennon eine 29seitige Erklärung ab und führt an, daß es zwar zwischen Lennon und Levy den Versuch einer Einigung gegeben habe, daß Lennon aber nicht frei vermittelt habe.

März

Die Verhandlung von Johns

Gegenklage. Capitol, E.M.I. und John klagen auf Rückerstattung ihres Einkommensverlustes. John verlangt Schadenersatz wegen Qualitätsverlust und möglicher Nachteile für seine Karriere. Richter Griesa gewährt John einen Schadenersatz von 45 000 Dollar.

Mai

John und Yoko fliegen mit Baby Sean und dessen Gouvernante zu Geschäftsbesprechungen nach Los Angeles. Auch wollen sie einige Zeit mit Ringo im Studio verbringen, der gerade seine neue Platte aufnimmt.

Juni

John und seine Familie ziehen für den Sommer in ein Haus auf Long Island. Capitol Records verpacken altes Beatle-Material in ein Set aus zwei Alben unter dem Titel *The Beatles, Rock 'n' Roll Music*.

27. Juli

Johns Antrag auf ständigen Wohnsitz in den Vereinigten Staaten wird in einem speziellen Hearing vor Einwanderungsrichter Ira Fieldsteel mit der Übergabe der lang ersehnten grünen Karte, No. A17-597-321, formell genehmigt. John sagt nach dem Hearing, daß er »wie jeder andere auch«, sich »Frau, Kind und einer Arbeit« widmen wird.

1980

8. Dezember, 23 Uhr Ortszeit

John Lennon wird durch 5 Schüsse in New York vor seinem Haus tödlich verletzt.
Das Motiv des 25jährigen mutmaßlichen Mörders Mark D. Chapman: John habe ihm ein paar Stunden zuvor ein Autogramm auf eine Schallplatte nur so hingekritzelt . . .

DISCOGRAPHIE

SINGLES

1. *Imagine* 1 C 006 – 05 992
   Working Class Hero
2. *Ya Ya* 1 C 006 – 05 924
   Be-Bop-A-Lula
3. *Stand By Me*
   1 C 006 – 05 880
   Move Over MS. L
4. *9 Dream* 1 C 006 – 05 776
   What You Got
5. *Mind Games*
   1 C 006 – 05 494
   Meat City
6. *Woman Is The Nigger Of The World* 1 C 006 – 05 062
   Sisters O Sisters
7. *Imagine* 1 C 006 – 04 940
   It's So Hard
8. *Power To The People*
   1 C 006 – 04 766
   Open Your Box
9. *Mother* 1 C 006 – 04 726
   Why
10. *Whatever Gets You Thru' The Night* 1 C 006 – 05 731
    Beef Jerky
11. *Instant Karma*
    1 C 006 – 91 149
    Who Has Seen The Wind?
12. *Give Peace A Chance*
    1 C 006 – 90 372
    Remember Love
13. *Happy Xmas (War Is Over)*
    1 C 006 – 05 18[illegible]
    Listen, The Snow Is Falling

LPs

UNFINISHED MUSIC NO. 1-
TWO VIRGINS
John Lennon & Yoko Ono

Aufnahmedatum: 14. Oktober 1968
Erscheinungsdatum: 29. Oktober 1968
Two Virgins No. 1 / Together / Two virgins No. 2 / Two Virgins No. 3 / Two Virgins No. 4 / Two Virgins No. 5
Two Virgins No. 6 / Hushabye Hushabye / Two Virgins No. 7 / Two Virgins No. 8 / Two Virgins No. 9 / Two Virgins No. 10

UNFINISHED MUSIC NO. 2-
LIFE WITH THE LIONS John Lennon & Yoko Ono

Aufnahmedatum: A-Seite - 2. März 1969
B-Seite – November 1968
Erscheinungsdatum: 2. Ma[illegible] 1969
Cambridge 1969
No Bed For Beatle John / Baby's Heartbeat / Two Minutes Silenc[illegible] / Radio Play

THE WEDDING ALBUM
John Lennon & Yoko Ono

Aufnahmedatum: 21. Mai bis 24. Mai 1969
Erscheinungsdatum: 14. November 1969
John And Yoko Amsterdam

LIVE PEACE IN TORONTO 1969 Plastic Ono Band
1 C 062 – 90 877

Aufnahmedatum: 13. September 1969
Erscheinungsdatum: 12. Dezember 1969
Blue Suede Shoes / Money / Dizzy Miss Lizzy / Yer Blues / Cold Turkey / Give Peace A Chance
Don't Worry Kyoko / John, John (Let's Hope For Peace)

JOHN LENNON Plastic Ono Band
1 C 062 – 04 703

Aufnahmedatum: Anfang bis Ende Oktober 1970
Erscheinungsdatum: 11. Dezember 1970
Mother / Hold On John / I Found Out / Working Class Hero / Isolation
Remember / Love / Well Well Well / Look At Me / My Mummy's Dead

IMAGINE 1 C 062 – 04 914

Aufnahmedatum: 2. Mai bis 18. Mai 1971
Erscheinungsdatum: 2. Oktober 1971
Imagine / Crippled Inside / Jealous Guy / It's So Hard / I Don't Want To Be A Soldier
Give Me Some Truth / Oh My Love / How Do You Sleep? / How? / Oh Yoko!

SOMETIME IN NEW YORK CITY – LIVE JAM
John & Yoko / Plastic Ono Band (Doppel-LP)
1 C 148 – 05 137/38

Aufnahmedatum: März 1972
Erscheinungsdatum: 16. September 1972
Woman Is The Nigger Of The World / Sisters O Sisters / Attica State / Born In A Prison / New York City
Sunday Bloody Sunday / The Luck Of The Irish / John Sinclair / Angela / We're All Water
Cold Turkey / Don't Worry Kyoko Well / Jamrag / Scumbag / Aii

MIND GAMES
1 C 062 – 05 491

Aufnahmedatum: Anfang bis Mitte Oktober 1973 – Record-

Plant-Studios, New York
Erscheinungsdatum: 10. November 1973
Mind Games / Tight A$ / Aisumasen (I'm sorry) / One Day (At A Time) / Bring On The Lucie (Freeda People) / Nutopian International Anthem
Intuition / Out Of The Blue / Only People / I Know (I Know) / You Are Here / Meat City

WALLS AND BRIDGES
1 C 062 – 05 733

Aufnahmedatum: 4. August bis 23. September 1974, Record-Plant-Studios, New York
Erscheinungsdatum: 5. Oktober 1974
Going Down On Love / Whatever Gets You Thru The Night / Old Dirt Road / What You Got / Bless You / Scared
9 Dream / Surprise, Surprise (Sweet Bird Of Paradox) / Steel And Glass / Beef Jerky / Nobody Loves You (When You're Down And Out) / Ya Ya

ROCK 'N' ROLL
1 C 062 – 05 834

Aufnahmedatum: You Can't Catch Me, Sweet Little Sixteen, Bony Moronie und Just Because Oktober bis Dezember 1973
Alle übrigen Titel 21. bis 25. Oktober 1974
Erscheinungsdatum: 19. Februar 1975
Be-Bop-A-Lula / Stand By Me / Medley: Rip It Up & Ready Teddy / You Can't Catch Me / Ain't That A Shame / Do You Want To Dance / Sweet Little Sixteen
Slippin' And Slidin' / Peggy Sue / Medley: Bring It On Home To Me & Send Me Some Lovin' / Bony Moronie / Ya Ya / Just Because

SHAVED FISH John Lennon / Plastic Ono Band
1 C 062 – 05 987

Erscheinungsdatum: 3. Dezember 1975
Give Peace A Chance / Cold Turkey / Instant Karma / Power To The People / Mother / Woman Is The Nigger Of The World
Imagine / Whatever Gets You Thru The Night / Mind Games / 9 Dream / Happy Xmas (War Is Over) / Reprise: Give Peace A Chance

DANKSAGUNG

Auf dieser Seite möchte ich jenen Leuten danken, die mit viel Einfühlungsvermögen die Konzeption dieses Buches erkannt und seine Durchführung ermöglicht haben: Mario Amaya, New York; Fabio Barraclough, Rugby; Franz Birrer, Los Alamitos; Margrit und Andy Chandler und Familie, Huntington Harbor; Colin Clark, London; Paul Denis, Brüssel; Henry Diltz, Los Angeles; Chip Douglas, Los Angeles; Al und Jean, Entella Hotel, San Francisco; Tom Fairhead, Kunstzweig Abingdon School; Judith Fawcett-Ryley, Ramsgate; Les Fawcett, Hillingdon Heath; Heinrich Grieder, Schaffhausen; Sharon Inahara, San Francisco; John Kosh, Los Angeles; Bob LeShufy, New York; Mackays of Chatham; Professor Roberta Markman, Cal State, Long Beach; Claudia Menza, Grove Press, New York; Judy Moll, Los Angeles; Karen Mullarkey, Bildredakteurin, Rolling Stone; Ed Newman, Paris; Frances Schoenberger, Hollywood; Linda Stearns, New English Library, London; Abner Stein, London; Bob Tanner, New English Library, London; Gayle Theisen, Washington D.C.; Ritchie Yorke, Toronto.

Mein ganz spezieller Dank gilt schließlich noch Euch: Francis Greenburger und Laura Torbet; Fred Jordan; Ken Deardoff; Christina Birrer; Lawrence Durrell, Henry Miller und Anais Nin, die in mir den Wunsch des Schreibens geweckt haben; und John und Yoko Lennon, die mir die Chance gegeben haben, sie auf ihrer Reise zu begleiten.

FOTOS

David Gahr; Bob Gruen; Brian Hamill; Annie Leibovitz; Keith McMillan; David Nutter; Chuck Pulin; Ethan Russell; Anne Yorke; Apple; EMI; Capitol Records; Robert Agriopoulos; Wide World; Christina Birrer; Cinnemon Press, New York; Jerry Hopkins; Indica Galerie; John Kelly; Cyril Maitland; Los Angeles Magazine; Stephen Sanders; UPI; Jürgen Vollmer (durch Apple Records); Susan Wood; Tom Zimberoff.

ÜBER DEN AUTOR

Anthony Fawcett wurde 1948 in Hillingdon Heath, England, geboren. Nach Besuch der Abingdon-School in Berkshire nahm er sein Studium an der Ruskin-School of Drawing and of Fine Art der Universität Oxford auf. Für das Wochenmagazin »Isis« der Universität Oxford schrieb er regelmäßige Beiträge als Kunstkritiker und Redakteur und war kurze Zeit für die Öffentlichkeitsarbeit des Museum of Modern Art in Oxford zuständig.

Als Kunstkritiker schrieb er laufend Kolumnen für das Kunstmagazin »Art and Artists« und schrieb Beiträge für die Zeitschriften »Sculpture International«, »Studio International«, »Vogue« und »Opus International«. 1968 wurde er in die Association Internationale de Critiques d'Art (AICA) aufgenommen und in das Organisationskomitee der National Sculpture Exhibition, Coventry Chathedral, berufen. Nachdem er zwei Jahre lang (1968-70) für die Lennons tätig und unterwegs war, übernahm er die Leitung der Londoner Gesellschaft APT Enterprises (Art and Pop on Television) und unternahm weite Reisen durch die Vereinigten Staaten. Er arbeitete zwei Jahre in Kalifornien und lebt heute mit der Fotografin Christina Birrer und seiner Tochter Kristen-Eve in New York.